Illustrierter Sprachführer Russisch-Deutsch für Einwanderer

Иллюстрированный русско-немецкий разговорник для мигрантов

JOURIST

MP3-Audiokurs

Sie finden den MP3-Audiokurs unter dem Link:
http://de.jourist.com/isdf

Аудиокурс в формате MP3

Аудиокурс в формате MP3 можно скачать по ссылке:
http://de.jourist.com/isdf

Autor: Igor Jourist
Illustrationen, Texte und Gesamtherstellung: Jourist Verlags GmbH, Hamburg

ISBN 978-3-89894-763-3

JOURIST

www.jourist.de

СОДЕРЖАНИЕ INHALT

6	Произношение	Aussprache	6
8	Расширение словарного запаса	Wortschatz erweitern	8
9	Общие фразы	Grundlagen	9
33	Путешествие	Reisen	33
51	Гостиница	Hotel	51
69	Местный транспорт	Stadtverkehr	69
91	Осмотр города	Sehenswürdigkeiten	91
101	Банк	Bank	101
105	Средства связи	Kommunikation	105
113	В ресторане	Im Restaurant	113
133	Еда/Напитки	Speisen und Getränke	133
153	Покупки	Einkaufen	153
179	Ремонт / Прачечная	Reparaturen und Wäscherei	179
183	Спорт / Досуг	Sport/Freizeit	183
191	Здоровье / Аптека	Gesundheit/Apotheke	191
217	Салон красоты	Schönheitspflege	217
223	Вызов полиции	Die Polizei rufen	223
229	Список слов	Wörterverzeichnis	229

Темы

Общие фразы 9

Фразы первой необходимости 10

Приветствия 13

Прощание 14

Приглашение 15

Знакомство 17

Одобрение 20

Благодарность 21

Извинения 22

Просьбы 23

Чувства 25

Пожелания 26

Время 27

Погода 30

Дни недели 31

Числа 32

Путешествие 33

Таможня 34

Информация для туристов 36

Заказ билетов 37

Регистрация на рейс 41

Багаж 44

В самолете 45

Поезд/Автобус 47

Паром/Корабль 52

Гостиница 51

Бронирование 52

Обслуживание 55

Жалобы 60

Оплата 65

Аренда жилья 66

Местный транспорт 69

Автобус/Метро 70

Такси 73

Аренда автомобиля 76

Вождение/Парковка 79

На станции техобслуживания 82

Неисправности 84

Аварии 89

Осмотр города 91

Информация для туристов/Заказ тура 92

Как пройти 94

В музее 97

Развлечения/Кино/Театр 99

Банк 101

Вклад/Снятие денег со счета 102

Обмен валюты 104

Средства связи 105

Почта 106

Телефон 109

Интернет 112

В ресторане 113

Бронирование 114

Заказ блюд 117

Обслуживание 124

Оплата 131

Еда/Напитки **133**
Фрукты/Овощи 134
Морепродукты 139
Специи 141
Мясо 144
Бакалея 146
Безалкогольные напитки 150
Алкоголь 152
Покупки **153**
ИНФОРМАЦИЯ 154
Обслуживание 158
Одежда 160
Аксессуары 163
Обувь 164
Электротовары 165
Сувениры 168
Книги 170
Табачные/Алкогольные изделия 171
Ювелирные изделия/Часы 172
В супермаркете 175
Оплата 177
Ремонт/Прачечная **179**
Прачечная/Химчистка 180
Ремонт 182
Спорт/Досуг **183**
Кемпинг 184
На пляже 187
Здоровье/Аптека **191**
Симптомы 192
Визит к врачу 202
Стоматолог 207
Несчастные случаи/Первая помощь 208
Аптека 211
Салон красоты **217**
Вызов полиции **223**

AUSSPRACHE ПРОИЗНОШЕНИЕ

Konsonanten Согласные

Буква / буквосочетание		Как читается	Пример	Как читается	Перевод
b	в начале слова	б	der Ball	баль	мяч
b	в конце слова	п	ab	ап	от
c	перед e, ö, i, y, ü	ц	der Celsius	цельсиус	цельсий
c	в заимств. словах	к	die Couch	кауч	диван
ch		х	das Buch	бух	книга
chs		кс	sechs	зэкс	шесть
ck		к	der Zucker	цука	сахар
d	в конце слова	т	das Rad	рат	колесо
d	в остальных случаях	д	danken	данкен	благодарить
g	в начале слова	г	gehen	гэйен	идти
g	в конце слова	к	Weg	век	дорога
g	в конце слова	хь	fertig	фертихь	готовый
h	в начале слова и в начале корня	х	hoch	хох	высокий
h	после гласных	не читается	ohne	онэ	без
j		й	ja	йа	да
l		л	die Lampe	лампэ	лампа
qu		кв	der Quatsch	квач	чепуха
r	в нач. и сер. слова	р	die Rose	розэ	роза
r	в конце слова	не произносится	der Arbeiter	арбайта	рабочий
s	перед/между гласными	з	lesen	лезен	читать
s	в середине/конце	с	das Haus	хаус	дом
s	перед буквами p и t	ш	die Stunde	штунде	час
sp		шп	springen	шпринген	прыгать
st		шт	die Straße	штрассе	улица
sch		ш	der Schrank	шранк	шкаф
ß		с	der Fuß	фус	нога
tsch		ч	das Deutsch	дойч	немецкий язык
tz		ц	der Platz	плац	площадь
chen	в конце слова	хен	das Brötchen	брётхен	булочка
tion	в конце слова	цьон	die Nation	нацьон	нация
ig	в конце слова	ихь	lustig	лустихь	весёлый
v	в немецких словах	ф	der Vater	фатэр	отец
v	в иностранных словах	в	die Vase	вазэ	ваза
w		в	der Wagen	вагэн	машина
x		кс	Alexander	Александэр	Александр
z		ц	der Zoo	цоо	зоопарк

Vokale und Diphthonge Гласные и дифтонги

Буква / буквосочетание		Как читается	Пример	Как читается	Перевод
a	в открытом слоге произносится долго	а	der Salat	залат	салат
a	произносится кратко если последующий согласный удвоенный	а	lassen	лассэн	отпускать
ai		ай	der Main	майн	река Майн
au		ау	die Pause	паузэ	пауза
äu		ой	der Läufer	лойфер	бегун
ah		а	der Hahn	хан	петух
e	краткий звук	э	das Bett	бэт	кровать
e	долгий звук	е	geben	гебен	давать
eu		ой	neu	ной	новый
ei		ай	klein	кляйн	маленький
i	краткий звук	и	der Fisch	фиш	рыба
i	долгий звук	и	ihn	ин	его
ie		и:	ziehen	циэн	тянуть
ä		э	der Käse	кэзе	сыр
ö	в начале/после гласных	оэ	das Öl	ёль	масло
ö	после согласных	ё	böse	бёзэ	злой
ü	после согласных	ю	süß	зюс	сладкий

WIE BUCHSTABIERT MAN КАК ДИКТОВАТЬ ПО БУКВАМ

A [a:] . . . . Anton
Ä [ɛ] . . . . Ärger
B [be:] . . . . Berta
C [tse:]. . . . . Cäsar
D [de:] . . . . Dora
E [e:] . . . . Emil
F [ɛf:]. . . . . Friedrich
G [ge:] . . . . Gustav
H [ha:] . . . . Heinrich
I [i:]. . . . . Ida
J [jɔt] . . . . Julius
K [ka:] . . . . Kaufmann
L [ɛl]. . . . . Ludwig
M [ɛm] . . . . Martha
N [ɛn]. . . . . Nordpol
O [o:] . . . . Otto
Ö [ø]. . . . . Ökonom
P [pe:] . . . . Paula
Q [ku:] . . . . Quelle
R [ɛr] . . . . Richard
S [ɛs]. . . . . Siegfried
ß [ɛs'tsɛt] . . . . Eszett
T [te:]. . . . . Theodor
U [u:] . . . . Ulrich
Ü [y:] . . . . Übermut
V [fau] . . . . Viktor
W [ve:] . . . . Wilhelm
X [iks]. . . . . Xanthippe
Y ['ʏpsilɔn] . . . . . . Ypsilon
Z [tsɛt]. . . . . Zacharias

WORTSCHATZ ERWEITERN / РАСШИРЕНИЕ СЛОВАРНОГО ЗАПАСА

Das visuelle Lernen stützt sich auf die Tatsache, dass das menschliche Gedächtnis besser funktioniert, wenn man ein Bild vor Augen hat. Ebenso unverzichtbar für das erfolgreiche Deutsch-Lernen ist das gleichzeitige Anhören der Audio-Inhalte. So kann man sich die Vokabeln und Sätze leichter merken und langfristig einprägen.

Визуальное обучение основано на том, что человеческая память работает лучше, когда перед глазами есть соответствующее изображение. Одновременное прослушивание аудиоматериалов также необходимо для успешного изучения немецкого языка. Это облегчает расширение словарного запаса и позволяет запомнить слова надолго.

1. Wählen Sie ein Thema im Sprachführer und ein ensprechendes Thema (Track) im Audiokurs. Выберите раздел в разговорнике и соответствующий раздел (аудиотрек) в аудиокурсе.
2. Schauen Sie sich die Illustrationen und verfolgen Sie den Text während Sie den Audiokurs anhören. Смотрите на иллюстрации и читайте текст во время прослушивания Аудиокурса.
3. Zunächst hören Sie sich das Wort oder den Satz auf Russisch. Danach hören Sie die korrekte Aussprache auf Deutsch. Nutzen Sie die nachfolgende Pause um das Gehörte nachzusprechen. Сначала Вы слышите фразу на русском и после этого правильное произношение на немецком. Затем, во время паузы, постарайтесь повторить за диктором только что услышанную фразу.
4. Der neue Wortschatz prägt sich am besten ein, wenn Sie ein Thema mehrfach anhören. Расширение словарного запаса происходит наиболее эффективно, если Вы прослушаете каждую тему несколько раз.
5. Um das Material langfristig einzuprägen ist sehr nützlich, die deutschen Wörter und Wendungen auf einem Blatt aufzuschreiben, während Sie sich das Audio anhören. Чтобы запомнить немецкие словаи выражения надолго, очень полезно записывать их на листок во время прослушивания аудиозаписи.

Zunächst machen Sie die Sprechübungen alleine. Später empfiehlt es sich jedoch zur Verfeinerung der Aussprache einen deutschen Muttersprachler hinzuzuziehen. Сначала тренируйте произношение самостоятельно. В дальнейшем, однако, рекомендуется прибегнуть к помощи носителя немецкого языка для улучшения произношения.

ОБЩИЕ ФРАЗЫ
GRUNDLAGEN

10	Фразы первой необходимости	Wichtigste Redewendungen	10
13	Приветствия	Begrüßung	13
14	Прощание	Sich verabschieden	14
15	Приглашение	Einladung	15
17	Знакомство	Vorstellung	17
20	Одобрение	Loben	20
21	Благодарность	Dankbarkeit	21
22	Извинения	Entschuldigungen	22
23	Просьбы	Nachfragen	23
25	Чувства	Gefühle	25
26	Пожелания	Segnen	26
27	Время	Zeit	27
30	Погода	Wetter	30
31	Дни недели	Wochentage	31
32	Числа	Zahlen	32

Фразы первой необходимости - *Wichtigste Redewendungen*

Большое спасибо.
Vielen Dank.
Фи́лен Данк.

Пожалуйста. (в ответ)
Nichts zu danken.
Нихтс цу да́нкен.

Да.
Ja.
Я.

Нет.
Nein.
Найн.

Пожалуйста.
Bitte.
Би́тте.

Понимаю.
Ich verstehe.
Ихь ферште́е.

Не понимаю.
Ich verstehe nicht.
Ихь ферште́е нихт.

Ничего страшного.
Das ist in Ordnung.
Дас ист ин Орднунг.

Сколько?
Wie viel?
Ви филь?

Как долго?
Wie lange?
Ви ла́нге?

Как далеко?
Wie weit?
Ви вайт?

Кого спросить?
Wen soll ich fragen?
Вен золль ихь фра́ген?

После вас.
Nach Ihnen.
Нах И́нен.

Где здесь ближайший отель?
Wo ist das nächste Hotel?
Во ист дас не́ксте Хоте́ль?

Где здесь ближайший ресторан?
Wo ist das nächste Restaurant?
Во ист дас не́ксте Ре́сторан?

Где здесь ближайший супермаркет?
Wo ist der nächste Supermarkt?
Во ист дер не́ксте Зу́пермаркт?

Где здесь ближайший банк?
Wo ist die nächste Bank?
Во ист ди не́ксте Банк?

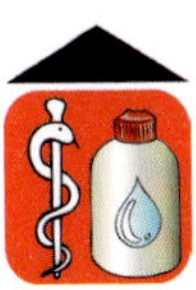

Где здесь ближайшая аптека?
Wo ist die nächste Apotheke?
Во ист ди не́ксте Апоте́ке?

Где здесь ближайший вокзал?
Wo ist der nächste Bahnhof?
Во ист дер не́ксте Ба́нхоф?

Фразы первой необходимости - *Wichtigste Redewendungen*

Где туалет?
Wo ist die Toilette?
Во ист ди Тойле́тте?

Кто?
Wer?
Вер?

Почему?
Warum?
Вару́м?

Что?
Was?
Вас?

Когда?
Wann?
Ванн?

Смотри(те)!
Schauen Sie mal!
Ша́уэн Зи маль!

Фразы первой необходимости (Полезные слова)

Вход	Eingang	А́йнганг
Выход	Ausgang	А́усганг
Пожарный выход	Notausgang	Но́таусганг
Не курить	Rauchen verboten	Ра́ухен ферббо́тен
К себе	Ziehen	Ци́ен
От себя	Drücken	Дрю́ккен
Ж	Damen	Да́мен
М	Herren	Хе́ррен
я	ich	ихь
ты	du	ду
Вы	Sie	Зи
вы	ihr	ир
мы	wir	вир
он	er	эр
она	sie	зи
оно	es	эс
они	sie	зи

Добрый день.
Guten Tag.
Гу́тен Таг.

Привет!
Hallo!
Халло́!

Добрый вечер.
Guten Abend.
Гу́тен Абенд.

Доброе утро.
Guten Morgen.
Гу́тен Мо́рген.

Как дела?
Wie geht's?
Ви гейт́с?

Как успехи?
Wie geht es Ihnen?
Ви гейт эс И́нен?

Приятно познакомиться.
Es freut mich, Sie kennen zu lernen.
Эс фройт михь, Зи ке́ннен цу ле́рнен.

Прощание - *Sich verabschieden*

До свидания.
Auf Wiedersehen.
А́уф Ви́дерзеен.

Спокойной ночи.
Gute Nacht.
Гу́те Нахт.

Увидимся позже.
Bis später.
Бис шпе́тер.

Увидимся завтра.
Bis morgen.
Бис мо́рген.

Вот моя визитная карточка.
Hier ist meine Visitenkarte.
Хир ист ма́йне Визи́тенкарте.

Счастливо.
Passen Sie auf sich auf.
Па́ссен Зи а́уф зихь а́уф.

Вот мой телефон.
Hier ist meine Telefonnummer.
Хир ист ма́йне Телефо́ннуммер.

Вот мой факс.
Hier ist meine Faxnummer.
Хир ист ма́йне Фа́кснуммер.

Вот мой почтовый адрес.
Hier ist meine Anschrift.
Хир ист ма́йне А́ншрифт.

Вот мой электронный адрес.
Hier ist meine E-Mail-Adresse.
Хир ист ма́йне И-Мейль-Адре́ссе.

Не хотите пойти со мной?
Möchten Sie mit mir mitkommen?
Мёхтен Зи мит мир ми́тkommen?

Вы свободны сегодня вечером?
Haben Sie heute Abend Zeit?
Ха́бен Зи хо́йте А́бенд Цайт?

Какие у вас планы на сегодня?
Was machen Sie heute?
Вас ма́хен Зи хо́йте?

Вы свободны завтра?
Haben Sie morgen Zeit?
Ха́бен Зи мо́рген Цайт?

Не хотите ли пойти потанцевать?
Möchten Sie tanzen gehen?
Мёхтен Зи та́нцен ге́ен?

Давайте встретимся в фойе.
Wollen wir uns in der Empfangshalle treffen!
Во́ллен вир унс ин дер Эмпфа́нгсхалле тре́ффен!

Приглашение - *Einladung*

Не хотите ли прогуляться?
Möchten Sie einen Spaziergang machen?
Мӗхтен Зи áйнен Шпацúрганг мáхен?

Не хотите ли пройтись по магазинам?
Möchten Sie einkaufen gehen?
Мӗхтен Зи áйнкауфен гéен?

Не хотите ли выйти перекусить?
Möchten Sie essen gehen?
Мӗхтен Зи э́ссен гéен?

Не хотите ли выпить чего-нибудь?
Möchten Sie etwas trinken gehen?
Мӗхтен Зи э́твас трúнкен гéен?

Приглашаю Вас на рюмочку.
Ich lade Sie auf ein Getränk ein.
Ихь лáде Зи áуф айн Гетрéнк айн.

Я не возражаю.
Ich habe nichts dagegen.
Ихь хáбе нихтс дагéген.

Меня зовут ...
Ich heiße ...
Ихь ха́йсе ...

Ваше имя?
Wie heißen Sie?
Ви ха́йсен Зи?

С кем Вы?
Mit wem sind Sie hier?
Мит вем зинд Зи хир?

Я со своей подругой.
Ich bin mit meiner Freundin hier.
Ихь бин мит ма́йнер Фро́йндин хир.

Я со своей невестой.
Ich bin mit meiner Verlobten hier.
Ихь бин мит ма́йнер Ферло́бтен хир.

Я здесь один.
Ich bin alleine hier.
Ихь бин алла́йне хир.

Я со своей женой.
Ich bin mit meiner Frau hier.
Ихь бин мит ма́йнер Фра́у хир.

Я со своей семьей.
Ich bin mit meiner Familie hier.
Ихь бин мит ма́йнер Фами́ли хир.

Я со своими детьми.
Ich bin mit meinen Kindern hier.
Ихь бин мит ма́йнен Ки́ндерн хир.

Я женат.
Ich bin verheiratet.
Ихь бин ферха́йратет.

Я холост.
Ich bin ledig.
Ихь бин ле́диг.

Я в разводе.
Ich bin geschieden.
Ихь бин геши́ден.

Откуда Вы?
Woher kommen Sie?
Вохе́р ко́ммен Зи?

Я студент.
Ich bin Student.
Ихь бин Штуде́нт.

Я рабочий.
Ich bin Arbeiter.
Ихь бин А́рбайтер.

Я менеджер.
Ich bin Manager.
Ихь бин Мэ́неджер.

Я бизнесмен.
Ich bin Geschäftsmann.
Ихь бин Гешéфтсман.

Я инженер.
Ich bin Ingenieur.
Ихь бин Инжениéр.

Я в командировке.
Ich bin geschäftlich unterwegs.
Ихь бин гешéфтлих унтервéгс.

Я в отпуске.
Ich bin im Urlaub.
Ихь бин им У́рлауб.

Я уезжаю в следующем месяце.
Ich fahre nächsten Monat ab.
Ихь фáре нéкстен Мóнат аб.

Я уезжаю на следующей неделе.
Ich fahre nächste Woche ab.
Ихь фáре нéксте Вóхе аб.

Я пробуду здесь день.
Ich werde einen Tag hier bleiben.
Ихь вéрде áйнен Таг хир блáйбен.

Я пробуду здесь неделю.
Ich werde eine Woche hier bleiben.
Ихь вéрде áйне Вóхе хир блáйбен.

Одобрение - *Loben*

Интересно.
Das ist interessant.
Дас ист интересса́нт.

У Вас отличный вкус в одежде.
Sie haben einen sehr guten Geschmack, was Kleidung betrifft.
Зи ха́бен а́йнен зер гу́тен Гешма́к, вас Кла́йдунг бетри́фт.

Отлично.
Das ist großartig.
Дас ист гро́сартиг.

Ваша новая прическа великолепна.
Ihre neue Frisur ist großartig.
И́ре но́йе Фризу́р ист гро́сартиг.

Отличное место.
Was für ein schöner Ort.
Вас фюр айн шӗнер Орт.

Вы хорошо выглядите!
Sie sehen gut aus!
Зи зе́ен гут а́ус!

Отличный вид.
Was für ein schöner Ausblick.
Вас фюр айн шӗнер А́усблик.

Очень любезно с Вашей стороны.
Das ist sehr nett von Ihnen.
Дас ист зер нетт фон И́нен.

Вы очень милы.
Sie sind sehr nett.
Зи зинд зер нетт.

Весьма признателен.
Herzlichen Dank.
Хе́рцлихен Данк.

Я отлично провел время, спасибо.
Es hat mir heute sehr gut gefallen, danke.
Эс хат мир хо́йте зер гут гефа́ллен, да́нке.

Спасибо за беспокойство.
Danke für Ihre Mühe.
Да́нке фюр И́ре Мю́е.

Извинения - *Entschuldigungen*

Извините.
Entschuldigung.
Энтшу́льдигунг.

Минуточку, пожалуйста.
Einen Augenblick, bitte.
Айнен Аугенблик, би́тте.

В следующий раз постараюсь.
Nächstes Mal werde ich es richtig machen.
Не́кстес Маль ве́рде их эс ри́хтиг ма́хен.

Позвольте Вас побеспокоить.
Kann ich Sie für einen Moment stören?
Канн ихь Зи фюр а́йнен Моме́нт штёрен?

Я не хотел Вас обидеть.
Ich habe es nicht so gemeint.
Ихь ха́бе эс нихт зо гема́йнт.

Извините за опоздание.
Entschuldigen Sie bitte meine Verspätung.
Энтшу́льдиген Зи би́тте ма́йне Фершпе́тунг.

Это моя вина.
Es ist meine Schuld.
Эс ист ма́йне Шульд.

Не могли бы Вы мне помочь?
Könnten Sie mir bitte helfen?
Кё̆нтен Зи мир би́тте хе́льфен?

Пожалуйста, поторопитесь.
Bitte beeilen Sie sich.
Би́тте беа́йлен Зи зихь.

Пожалуйста, говорите немного медленнее.
Bitte sprechen Sie langsamer.
Би́тте шпре́хен Зи ла́нгзамер.

Повторите, пожалуйста.
Sagen Sie das bitte noch einmal.
За́ген Зи дас би́тте нох а́йнмаль.

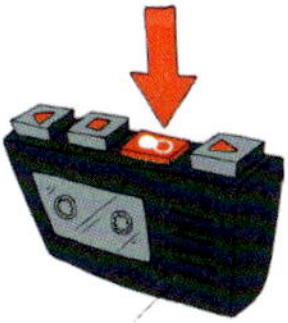

Не могли бы Вы это повторить?
Könnten Sie das wiederholen?
Кё̆нтен Зи дас видехо́лен?

Напишите это здесь, пожалуйста.
Bitte schreiben Sie es hier auf.
Би́тте шра́йбен Зи эс хир а́уф.

Вы понимаете?
Verstehen Sie?
Ферште́ен Зи?

Пойдемте со мной!
Kommen Sie mit!
Ко́ммен Зи мит!

Не отправите ли за меня письмо?
Könnten Sie bitte diesen Brief für mich abschicken?
Кёнтен Зи би́тте ди́зен Бриф фюр михь а́бшиккен?

Можно взглянуть?
Kann ich mir das mal anschauen?
Канн ихь мир дас маль а́ншауэн?

Можно узнать Ваш адрес?
Kann ich Ihre Adresse haben?
Канн ихь И́ре Адре́ссе ха́бен?

Можно одолжить Вашу ручку?
Kann ich mir Ihren Stift leihen?
Канн ихь мир И́рен Штифт ла́йен?

Можно узнать Ваш телефон?
Kann ich Ihre Telefonnummer haben?
Канн ихь И́ре Телефо́ннуммер ха́бен?

Можно узнать Ваш электронный адрес?
Kann ich Ihre E-Mail-Adresse haben?
Канн ихь И́ре И-Мейль-Адре́ссе ха́бен?

Вы не подбросите меня в центр?
Können Sie mich in der Innenstadt absetzen?
Кённен Зи михь ин дер И́нненштадт а́бзетцен?

Можно одолжить Вашу машину?
Kann ich mir Ihr Auto leihen?
Канн ихь мир Ир А́уто ла́йен?

Я не уверен.
Ich bin nicht sicher.
Ихь бин нихт зи́хер.

Это прекрасно!
Das ist wunderbar!
Дас ист ву́ндербар!

Это ужасно!
Das ist schrecklich!
Дас ист шре́клих!

У меня плохое настроение.
Ich bin traurig.
Ихь бин тра́уриг.

Успокойся, все будет в порядке.
Beruhigen Sie sich, alles wird gut.
Беру́иген Зи зихь, а́ллес вирд гут.

Вот так сюрприз!
Was für eine Überraschung!
Вас фюр а́йне Уеберра́шунг!

Какая жалость!
Das ist aber schade!
Дас ист а́бер ша́де!

Хватит!
Das reicht!
Дас райхт!

Конечно!
Natürlich!
Натю́рлих!

Пожелания - *Segnen*

Поздравляю!
Herzliche Glückwünsche!
Хéрцлихе Глю́квюнше!

Наилучшие пожелания в День рождения!
Die besten Wünsche zum Geburtstag!
Ди бéстен Вю́нше цум Гебу́ртстаг!

С Рождеством!
Frohe Weihnachten!
Фрóе Вáйнахтен!

Наилучшие пожелания в новом году!
Die besten Wünsche für ein glückliches neues Jahr!
Ди бéстен Вю́нше фюр айн глю́клихес нóйес Яр!

Счастливой поездки!
Gute Reise!
Гу́те Рáйзе!

Хорошо провести время!
Schönen Tag noch!
Шё́нен Таг нох!

Удачи!
Viel Glück!
Филь Глюк!

Давайте еще раз встретимся!
Lassen Sie uns wieder treffen!
Лáссен Зи унс ви́дер трéффен!

Ваше здоровье!
Zum Wohl!
Цум Воль!

Приятного аппетита!
Guten Appetit!
Гу́тен Аппети́т!

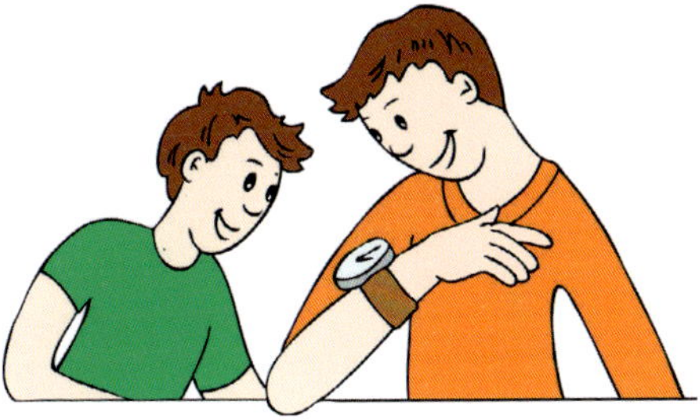

Который час?
Wie spät ist es?
Ви шпет ист эс?

через час
in einer Stunde
ин а́йнер Шту́нде

Со скольки?
Von wann?
Фон ванн?

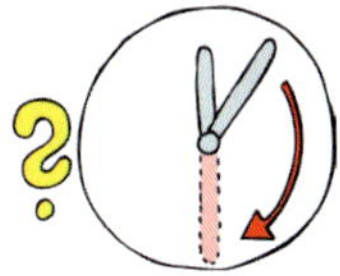

До скольки?
Bis wann?
Бис ванн?

Рано.
Es ist früh.
Эс ист фрю.

Сколько времени это займет?
Wie lange wird es dauern?
Ви ла́нге вирд эс да́уэрн?

Поздно.
Es ist spät.
Эс ист шпет.

Вовремя.
Es ist rechtzeitig.
Эс ист ре́хтцайтиг.

Уже поздно?
Ist es schon spät?
Ист эс шон шпет?

Полдень.
Es ist Mittag.
Эс ист Ми́ттаг.

Полночь.
Es ist Mitternacht.
Эс ист Ми́тттернахт.

Я уезжаю утром.
Ich fahre am Morgen ab.
Ихь фа́ре ам Мо́рген аб.

Я уезжаю вечером.
Ich fahre am Abend ab.
Ихь фа́ре ам А́бенд аб.

Я уезжаю днем.
Ich fahre am Nachmittag ab.
Ихь фа́ре ам На́хмиттаг аб.

Какой сегодня день?
Welcher Tag ist heute?
Ве́льхер Таг ист хо́йте?

Какой завтра день?
Welcher Tag ist morgen?
Ве́льхер Таг ист мо́рген?

Время (Полезные слова)

Время .... Zeit Цайт
минута .... Minute Мину́те
час .... Stunde Шту́нде
ночь .... Nacht Нахт
день .... Tag Таг
неделя .... Woche Во́хе
сегодня .... heute хо́йте
вчера .... gestern ге́стерн

завтра .morgen мóрген
завтра утром . . . . .morgen früh мóрген фрю
час . . . . .ein Uhr айн Ур
два часа . . . . .zwei Uhr цвай Ур
три часа . . . . .drei Uhr драй Ур
четыре часа . . . . .vier Uhr фир Ур
пять часов . . . . .fünf Uhr фюнф Ур
шесть часов . . . . .sechs Uhr зекс Ур
семь часов . . . . .sieben Uhr зи́бен Ур
восемь часов . . . . .acht Uhr ахт Ур
девять часов. . . . . .neun Uhr нойн Ур
десять часов. . . . . .zehn Uhr цейн Ур
одиннадцать часов . . . . .elf Uhr эльф Ур
двенадцать часов . . . . .zwölf Uhr цвёльф Ур
утра .vormittags фóрмиттагс
вечера . . . . .nachmittags, abends нáхмиттагс, áбендс
месяц . . . . .Monat Мóнат
январь . . . . .Januar Януар
февраль . . . . .Februar Фéбруар
март .März Мерц
апрель . . . . .April Апри́ль
май . . . . .Mai Май
июнь .Juni Юни
июль .Juli Юли
август . . . . .August Аугýст
сентябрь. . . . . .September Зептéмбер
октябрь. . . . . .Oktober Октóбер
ноябрь . . . . .November Новéмбер
декабрь . . . . .Dezember Децéмбер
год . . . . .Jahr Яр
весна . . . . .Frühling Фрю́линг
лето .Sommer Зóммер
осень . . . . .Herbst Хербст
зима .Winter Ви́нтер

Сегодня хорошая погода.
Das Wetter ist heute gut.
Дас Ве́ттер ист хо́йте гут.

Сегодня холодно.
Heute ist es kalt.
Хо́йте ист эс кальт.

Сегодня плохая погода.
Das Wetter ist heute schlecht.
Дас Ве́ттер ист хо́йте шлехт.

Сегодня тепло.
Heute ist es warm.
Хо́йте ист эс варм.

Какая сегодня погода?
Wie ist das Wetter heute?
Ви ист дас Ве́ттер хо́йте?

Какой чудесный день.
Was für ein schöner Tag.
Вас фюр айн шёнер Таг.

Идет дождь.
Es regnet.
Эс ре́гнет.

Идет снег.
Es schneit.
Эс шнайт.

Погода (Полезные слова)

снег . . . . .Schnee Шне
дождь . . . . .Regen Ре́ген
солнце .Sonne Зо́нне
туман . . . . .Nebel Не́бель
ветер . . . . .Wind Винд
гроза. . . . . .Gewitter Геви́ттер
шторм. .Sturm Штурм
суровая погода. . . . . .raues Wetter ра́уэс Ве́ттер
жара . . . . .Hitze Хи́тце

понедельник
Montag
Мóнтаг

вторник
Dienstag
Дúнстаг

среда
Mittwoch
Мúтвох

четверг
Donnerstag
Дóннерстаг

пятница
Freitag
Фрáйтаг

суббота
Samstag/Sonnabend
Зáмстаг/Зóннабенд

воскресенье
Sonntag
Зóнтаг

Числа - *Zahlen*

ноль . . . . .null нулль
один . . . . .eins айнс
два . . . . .zwei цвай
три . . . . .drei драй
четыре . . . . .vier фир
пять . . . . .fünf фюнф
шесть . . . . .sechs зекс
семь . . . . .sieben зи́бен
восемь . . . . .acht ахт
девять. . . . . .neun нойн
десять. . . . . .zehn цейн
одиннадцать. . . . . .elf эльф
двенадцать. . . . . . .zwölf цвёльф
тринадцать . . . . . . .dreizehn дра́йцен
четырнадцать . . . . .vierzehn фи́рцен
пятнадцать . . . . . . .fünfzehn фю́нфцен
шестнадцать. . . . . .sechzehn зе́хцен
семнадцать. . . . . . .siebzehn зи́бцен
восемнадцать. . . . .achtzehn а́хцен
девятнадцать . . . . .neunzehn но́йнцен
двадцать. . . . . .zwanzig цва́нциг
двадцать один . . . .einundzwanzig а́йнундцванциг
тридцать. . . . . .dreißig дра́йсиг
сорок . . . . .vierzig фи́рциг
пятьдесят . . . . .fünfzig фю́нфциг
шестьдесят. . . . . . .sechzig зе́хциг
семьдесят . . . . . . .siebzig зи́бциг
восемьдесят. . . . . .achtzig а́хциг
девяносто. . . . . . . .neunzig но́йнциг
сто . . . . .hundert ху́ндерт
двести . . . . .zweihundert цва́йхундерт
пятьсот . . . . .fünfhundert фю́нфхундерт

0

5

14

19

1.000

тысяча
tausend
та́узенд

1.000.000

миллион
Million
Миллио́н

1.000.000.000

миллиард
Milliarde
Миллиа́рде

100

ПУТЕШЕСТВИЕ
REISEN

34	Таможня	Zoll	34
36	Информация для туристов	Touristen-Information	36
37	Заказ билетов	Buchen	37
41	Регистрация на рейс	Flugabfertigung	41
44	Багаж	Gepäck	44
45	В самолете	Im Flugzeug	45
47	Поезд/Автобус	Zug/Bus	47
50	Паром/Корабль	Fähre/Schiff	50

Вот мой паспорт.
Hier ist mein Reisepass.
Хир ист майн Ра́йзепасс.

Это мой первый приезд.
Das ist mein erster Besuch.
Дас ист майн э́рстер Безу́х.

Вот моя виза.
Hier ist mein Visum.
Хир ист майн Ви́зум.

Покажите, пожалуйста, как заполнять этот бланк.
Bitte zeigen Sie mir, wie man dieses Formular ausfüllt.
Би́тте ца́йген Зи мир, ви ман ди́зес Формула́р а́усфюлльт.

Я один.
Ich bin alleine hier.
Ихь бин алла́йне хир.

Я с группой.
Ich bin mit einer Gruppe hier.
Ихь бин мит а́йнер Гру́ппе хир.

Я с семьей.
Ich bin mit meiner Familie hier.
Ихь бин мит ма́йнер Фами́ли хир.

Поставьте мне, пожалуйста, штамп в паспорт.
Würden Sie bitte meinen Reisepass abstempeln?
Вю́рден Зи би́тте ма́йнен Ра́йзепасс а́бштемпельн?

Вот моя декларация.
Hier ist meine Zollerklärung.
Хир ист ма́йне Цо́ллерклерунг.

У меня только предметы личного пользования.
Ich habe nur persönliche Sachen.
Ихь ха́бе нур перзёнлихе За́хен.

Я собираюсь пробыть здесь несколько недель.
Ich habe vor, ein paar Wochen hier zu bleiben.
Ихь ха́бе фор, айн пар Во́хен хир цу бла́йбен.

Дайте мне, пожалуйста, другой бланк декларации.
Kann ich noch ein Zollformular bekommen?
Канн ихь нох айн Цо́лльформулар беко́ммен?

Мне нечего декларировать.
Ich habe nichts zu verzollen.
Ихь ха́бе нихтс цу ферцо́ллен.

Вот моя транзитная виза.
Das ist mein Transitvisum.
Дас ист майн Транзи́твизум.

Таможня (Полезные слова)

Таможня . . . . Zoll Цолль
Погранзона. Grenzübergang Гре́нцюберганг
Зеленый коридор . . . . Grüner Korridor Грю́нер Корридо́р
Красный коридор . . . . Roter Korridor Ро́тер Корридо́р
Без декларации . . . . Nichts zu verzollen Нихтс цу ферцо́ллен
Товары, подлежащие декларации . . Waren zu verzollen Ва́рен цу ферцо́ллен
Магазин беспошлинной торговли . . Duty Free Shop Дьюти Фри Шоп

Где находится обмен валюты?
Wo ist die Wechselstube?
Во ист ди Ве́ксельштубе?

Где находится прокат автомобилей?
Wo ist der Autoverleih?
Во ист дер Аутоферлай?

Где стоянка такси?
Wo ist der Taxistand?
Во ист дер Та́ксиштанд?

Где остановка автобусов?
Wo ist die Bushaltestelle?
Во ист ди Бу́схальтештелле?

Сколько времени нужно, чтобы сделать пересадку?
Wie lange muss ich auf den Anschluss warten?
Ви ла́нге мусс ихь ауф ден А́ншлусс ва́ртен?

Можно ли здесь забронировать номер в гостинице?
Kann ich hier ein Hotelzimmer reservieren?
Канн ихь хир айн Хоте́льциммер резерви́рен?

Где я могу сесть на автобус в город?
Wo hält der Shuttlebus?
Во хельт дер Ша́тлбус?

Вот сюда, пожалуйста.
Bringen Sie mich bitte hierhin.
Бри́нген Зи михь би́тте хи́рхин.

Это прямой рейс?
Ist das ein Direktflug?
Ист дас айн Дире́ктфлуг?

Это поезд-экспресс?
Ist das ein Expresszug?
Ист дас айн Экспре́сцуг?

Это беспосадочный рейс?
Ist das ein Nonstopp-Flug?
Ист дас айн Нонсто́пп-Флуг?

На этот рейс есть билеты?
Gibt es noch Plätze auf dem Flug?
Гибт эс нох Плё́тце ауф дем Флуг?

На этот поезд есть билеты?
Gibt es noch Plätze in dem Zug?
Гибт эс нох Плё́тце ин дем Цуг?

На этот автобус есть билеты?
Gibt es noch Plätze in dem Bus?
Гибт эс нох Плё́тце ин дем Бус?

Сколько рейсов в день?
Wie oft gehen die Flüge?
Ви офт ге́ен ди Флю́ге?

Сколько поездов в день?
Wie oft fahren die Züge?
Ви офт фа́рен ди Цю́ге?

Сколько автобусов в день?
Wie oft fahren die Busse?
Ви офт фа́рен ди Бу́ссе?

Как мне туда добраться?
Wie kann ich von hier zu diesem Ort kommen?
Ви канн ихь фон хир цу ди́зем Орт ко́ммен?

Заказ билетов - *Buchen*

Мне нужно будет пересаживаться на другой самолет?
Muss ich von einem Flugzeug in ein anderes umsteigen?
Мусс ихь фон а́йнем Флу́гцойг ин айн а́ндерес у́мштайген?

Я хотел бы забронировать билет на этот рейс.
Ich würde gerne einen Platz in diesem Flugzeug reservieren.
Ихь вю́рде ге́рне а́йнен Плац ин ди́зем Флу́гцойг резерви́рен.

Мне нужно будет пересаживаться на другой поезд?
Muss ich von einem Zug in einen anderen umsteigen?
Мусс ихь фон а́йнем Цуг ин а́йнен а́ндерен у́мштайген?

Мне нужно будет пересаживаться на другой автобус?
Muss ich von einem Bus in einen anderen umsteigen?
Мусс ихь фон а́йнем Бус ин а́йнен а́ндерен у́мштайген?

Я хотел бы забронировать билет на этот поезд.
Ich würde gerne einen Platz in diesem Zug reservieren.
Ихь вю́рде ге́рне а́йнен Плац ин ди́зем Цуг резерви́рен.

Я хотел бы забронировать билет на этот автобус.
Ich würde gerne einen Platz in diesem Bus reservieren.
Ихь вю́рде ге́рне а́йнен Плац ин ди́зем Бус резерви́рен.

Сколько стоит билет?
Was kostet das Ticket?
Вас ко́стет дас Ти́ккет?

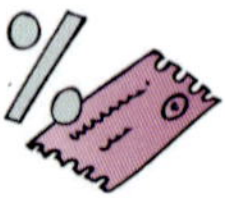

Есть ли какие-нибудь льготные тарифы?
Gibt es irgendwelche ermäßigte Tarife?
Гибт эс и́ргендвельхе эрме́сигте Тари́фе?

Один билет бизнес-класса, пожалуйста.
Ein Businessclass-Ticket, bitte.
Айн Би́знескласс-Ти́ккет, би́тте.

Один билет эконом-класса, пожалуйста.
Ein Economyclass-Ticket, bitte.
Айн Эко́номикласс-Ти́ккет, би́тте.

Билет туда и обратно, пожалуйста.
Eine Rückfahrkarte, bitte.
Айне Рю́кфаркарте, би́тте.

Билет в один конец, пожалуйста.
Eine einfache Fahrkarte, bitte.
Айне а́йнфахе Фа́ркарте, би́тте.

Во сколько нужно зарегистрироваться?
Um wie viel Uhr soll ich einchecken?
Ум ви филь Ур золль ихь а́йнчеккен?

Когда мне нужно быть на станции?
Wie früh muss ich am Bahnhof sein?
Ви фрю мусс ихь ам Ба́нхоф зайн?

Когда мне нужно быть в аэропорту?
Wie früh muss ich am Flughafen sein?
Ви фрю мусс ихь ам Флу́гхафен зайн?

Заказ билетов - *Buchen*

Во сколько отправляется рейс?
Um wie viel Uhr geht der Flug?
Ум ви филь Ур гейт дер Флуг?

Во сколько отправляется поезд?
Um wie viel Uhr fährt der Zug?
Ум ви филь Ур ферт дер Цуг?

Во сколько отправляется автобус?
Um wie viel Uhr fährt der Bus?
Ум ви филь Ур ферт дер Бус?

У меня нет багажа.
Ich habe kein Gepäck.
Ихь ха́бе кайн Гепе́к.

Сколько мне можно брать багажа?
Wie viel Gepäck kann ich mitnehmen?
Ви филь Гепе́к канн ихь ми́тнемен?

Я хочу отменить бронирование.
Ich möchte meine Reservierung stornieren.
Ихь мё̆хте ма́йне Резерви́рунг шторни́рен.

Я хочу поменять бронирование.
Ich möchte meine Reservierung ändern.
Ихь мё̆хте ма́йне Резерви́рунг э́ндерн.

Я хочу подтвердить бронирование.
Ich möchte meine Reservierung bestätigen.
Ихь мё̆хте ма́йне Резерви́рунг бештé́тиген.

Во сколько мы прибываем?
Um wie viel Uhr kommen wir an?
Ум ви филь Ур ко́ммен вир ан?

Где проходит регистрация?
Wo ist das Check-in?
Во ист дас Чек-ин?

С какого выхода происходит посадка на этот рейс?
Von welchem Flugsteig geht dieser Flug?
Фон вéльхем Флýгштайг гейт дúзер Флуг?

Отправьте, пожалуйста, багаж в мою гостиницу.
Schicken Sie bitte mein Gepäck zum Hotel.
Шúккен Зи бúтте майн Гепéк цум Хотéль.

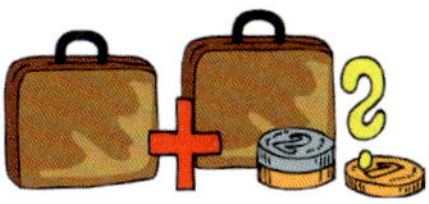

Сколько нужно платить за лишний вес?
Wie hoch ist die Gebühr für Übergepäck?
Айне áйнфахе Фáркарте, бúтте.

Когда начинается посадка?
Um wie viel Uhr kann man an Bord gehen?
Ум ви филь Ур канн ман ан Борд гéен?

Регистрация на рейс - *Flugabfertigung*

Какие-нибудь рейсы задерживаются?
Gibt es Verspätungen?
Гибт эс Ферpermissionsпе́тунген?

Этот рейс отправится вовремя?
Wird dieser Flug rechtzeitig starten?
Вирд ди́зер Флуг ре́хтцайтиг шта́ртен?

Я хотел бы место у прохода.
Ich hätte gerne einen Platz am Gang bitte.
Ихь хе́тте ге́рне а́йнен Плац ам Ганг би́тте.

Я хотел бы место у окна.
Ich hätte gerne einen Fensterplatz bitte.
Ихь хе́тте ге́рне а́йнен Фе́нстерплац би́тте.

Мы сможем пройтись по магазинам в аэропорту?
Können wir in diesem Flughafen einkaufen gehen?
Кённен вир ин ди́зем Флу́гхафен а́йнкауфен ге́ен?

В какой это валюте?
In welcher Währung ist das?
Ин ве́льхер Ве́рунг ист дас?

Мне нужно будет платить пошлину за товары, купленные здесь?
Muss ich für die hier gekauften Waren Zoll bezahlen?
Мусс ихь фюр ди хир гека́уфтен Ва́рен Цолль беца́лен?

Дайте, пожалуйста, квитанцию.
Bitte geben Sie mir eine Quittung.
Би́тте ге́бен Зи мир а́йне Кви́ттунг.

Можно заплатить дорожными чеками?
Kann ich mit Reiseschecks bezahlen?
Канн ихь мит Ра́йзечекс беца́лен?

Регистрация на рейс (Полезные слова)

Прибытие .... Ankunft А́нкунфт
Отправление .... Abflug Абфлуг
личный досмотр .... Sicherheitscheck Зи́херхайтсчек
паспортный контроль .... Passkontrolle Па́сконтролле
выход .... Flugsteig Флу́гштайг
задерживается .... verspätet фершпе́тет
приземлился .... gelandet гела́ндет
отменен .... gestrichen гештри́хен
рейс .... Flug Флуг
номер рейса .... Flugnummer Флу́гнуммер
посадочный талон .... Bordkarte Бо́рдкарте

Багаж - *Gepäck*

Где можно получить багаж?
Wo kann ich mein Gepäck bekommen?
Во канн ихь майн Гепéк бекóммен?

Я не могу найти свой багаж.
Ich kann mein Gepäck nicht finden.
Ихь канн майн Гепéк нихт фи́нден.

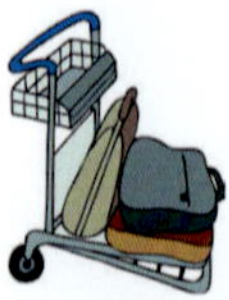

Где тележки для багажа?
Wo sind die Gepäckwagen?
Во зинд ди Гепéкваген?

Где камеры хранения?
Wo sind die Gepäckschließfächer?
Во зинд ди Гепéккшлисфехер?

Мне не выдали багажную квитанцию при регистрации.
Ich habe beim Einchecken keinen Gepäckschein bekommen.
Ихь хáбе байм Айнчеккен кáйнен Гепéккшайн бекóммен.

Мой багаж поврежден, и некоторых вещей не хватает.
Mein Gepäck ist beschädigt, und einige Sachen fehlen.
Майн Гепéк ист бешéдигт, унд áйниге Зáхен фéлен.

Вот мой багаж.
Das ist mein Gepäck.
Дас ист майн Гепéк.

Где это место?
Wo ist dieser Platz?
Во ист ди́зер Плац?

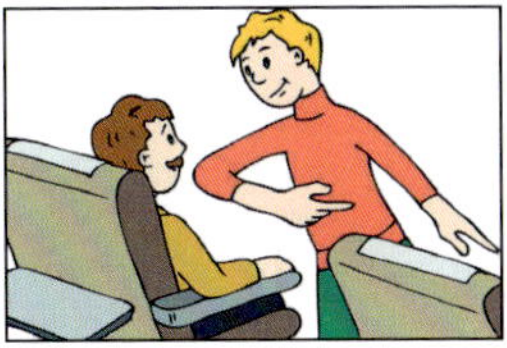

Не могли бы Вы поменяться со мной местами?
Kann ich den Platz mit Ihnen tauschen?
Канн ихь ден Плац мит И́нен та́ушен?

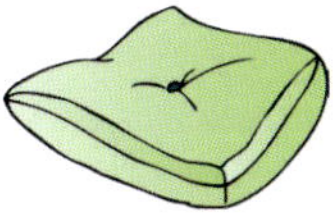

Не могли бы Вы принести мне подушку?
Würden Sie mir bitte ein Kopfkissen holen?
Вю́рден Зи мир би́тте айн Ко́пфкиссен хо́лен?

Дайте мне, пожалуйста, пакет.
Eine Spucktüte, bitte.
Айне Шпу́ктюте, би́тте.

Принесите, пожалуйста, бутылку пива.
Bitte geben Sie mir eine Flasche Bier.
Би́тте ге́бен Зи мир а́йне Фла́ше Бир.

Принесите, пожалуйста, бокал вина.
Bitte geben Sie mir ein Glas Wein.
Би́тте ге́бен Зи мир айн Глас Вайн.

Можно мне еще один напиток?
Kann ich noch ein Getränk bekommen?
Канн ихь нох айн Гетре́нк беко́ммен?

Я хотел бы заказать что-нибудь поесть.
Ich möchte etwas zu essen bestellen.
Ихь мёхте э́твас цу э́ссен беште́ллен.

Принесите чаю, пожалуйста.
Ich hätte gerne einen Tee, bitte.
Ихь хéтте гéрне áйнен Те, би́тте.

Принесите кофе, пожалуйста.
Ich hätte gerne einen Kaffee, bitte.
Ихь хéтте гéрне áйнен Кáффе, би́тте.

Можно мне откинуть спинку?
Kann ich meinen Sitz zurückstellen?
Канн ихь мáйнен Зиц цурю́кштеллен?

Когда самолет взлетит?
Wann wird das Flugzeug abfliegen?
Ванн вирд дас Флу́гцойг áбфлиген?

Когда самолет приземлится?
Wann wird das Flugzeug landen?
Ванн вирд дас Флу́гцойг лáнден?

На сколько отложен рейс?
Wie groß wird die Verspätung sein?
Ви грос вирд ди Фершпéтунг зайн?

Мне плохо.
Mir ist schlecht.
Мир ист шлехт.

Надолго мы здесь остановились?
Wie lange haben wir hier Aufenthalt?
Ви лáнге хáбен вир хир Áуфентхальт?

В самолете (Полезные слова)

Пристегните ремни. . . . . Bitte anschnallen. Би́тте áншналлен.

кислородная маска . . . . Sauerstoffmaske Зáуэрштофмаске

туалет. Toilette Тойлéтте

Можно мне расписание, пожалуйста?
Könnte ich einen Fahrplan bekommen?
Кёнте ихь а́йнен Фа́рплан беко́ммен?

Это расписание автобусов еще действует?
Ist dieser Busfahrplan aktuell?
Ист ди́зер Бу́сфарплан актуе́лль?

Это расписание поездов еще действует?
Ist dieser Zugfahrplan aktuell?
Ист ди́зер Цу́гфарплан актуе́лль?

Я опоздал на автобус. Когда будет следующий?
Ich habe den Bus verpasst. Wann fährt der nächste ab?
Ихь ха́бе ден Бус ферпа́ст. Ванн ферт дер не́ксте аб?

Здесь есть вагон-ресторан?
Gibt es hier einen Speisewagen?
Гибт эс хир а́йнен Шпа́йзеваген?

Это прямой поезд?
Ist das ein direkter Zug?
Ист дас айн дире́ктер Цуг?

Сколько времени поезд здесь стоит?
Wie lange hält der Zug hier?
Ви ла́нге хельт дер Цуг хир?

В каком вагоне мое место?
In welchem Wagen ist mein Platz?
Ин ве́льхем Ва́ген ист майн Плац?

Где мое место?
Wo ist mein Sitzplatz?
Во ист майн Зи́цплац?

Где мое купе?
Wo ist mein Abteil?
Во ист майн Абтайль?

Здесь свободно?
Ist dieser Platz besetzt?
Ист ди́зер Плац безе́цт?

Боюсь, это мое место.
Ich glaube, das ist mein Platz.
Ихь гла́убе, дас ист майн Плац.

Где следующая остановка?
Wo ist die nächste Haltestelle?
Во ист ди не́ксте Ха́льтештелле?

На какой остановке мне выходить?
An welcher Haltestelle soll ich aussteigen?
Ан ве́льхер Ха́льтештелле золль их а́усштайген?

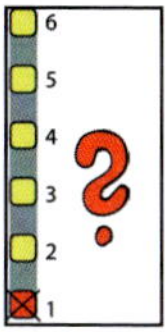

Сколько остановок отсюда?
Wie viele Haltestellen sind es von hier?
Ви фи́ле Ха́льтештеллен зинд эс фон хир?

Остановите здесь, пожалуйста.
Bitte halten Sie hier an.
Би́тте ха́льтен Зи хир ан.

Сколько времени автобус здесь стоит?
Wie lange hält der Bus hier?
Ви ла́нге хельт дер Бус хир?

Поезд/Автобус (Полезные слова)

багажная сетка........... Gepäckfach Гепе́кфах
купе..................... Abteil А́бтайль
вагон.................... Wagen Ва́ген
пункт назначения......... Bestimmungsort Бешти́ммунгзорт
время отправления........ Abfahrtszeit Абфартсцайт
путь..................... Strecke Штре́кке
зал ожидания............. Wartesaal Ва́ртезаль
К поездам................ Zu den Zügen Цу ден Цю́ген
Бюро находок............. Fundbüro Фу́ндбюро
Стоп-кран................ Notbremse Но́тбремзе
сигнализация............. Alarm Ала́рм
остановка по требованию.. Bedarfshaltestelle Беда́рфсхальтештелле
ночной автобус........... Nachtbus На́хтбус

Где пристань?
Wo ist der Kai?
Во ист дер Кай?

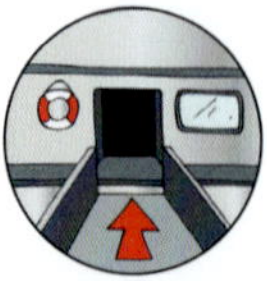

Где я могу сесть на корабль?
Wo kann ich an Bord des Schiffes gehen?
Во канн ихь ан Борд дес Ши́ффес ге́ен?

Во сколько отчалит корабль?
Um wie viel Uhr fährt das Schiff ab?
Ум ви филь Ур ферт дас Шифф аб?

Во сколько причалит корабль?
Um wie viel Uhr kommt das Schiff an?
Ум ви филь Ур комт дас Шифф ан?

Проводите меня до каюты, пожалуйста.
Könnten Sie mir bitte den Weg zu meiner Kabine zeigen?
Кёнтен Зи мир би́тте ден Вег цу ма́йнер Каби́не ца́йген?

Паром/Корабль (Полезные слова)

спасательная шлюпка .... Rettungsboot Ре́ттунгсбот
спасательный жилет .... Rettungsweste Ре́ттунгсвесте
каюта .... Kabine Каби́не
палуба .... Deck Дек
верхняя палуба .... oberes Deck о́берес Дек
нижняя палуба .... unteres Deck у́нтерес Дек

ГОСТИНИЦА HOTEL

52	Бронирование	Reservierung	52
55	Обслуживание	Service	55
60	Жалобы	Beschwerden	60
63	Оплата	Bezahlung	63
66	Аренда жилья	Miete	66

Бронирование - *Reservierung*

Мне нужен номер.
Ich hätte gerne ein Zimmer.
Ихь хе́тте ге́рне айн Ци́ммер.

Я забронировал номер.
Ich habe reserviert.
Ихь ха́бе резерви́рт.

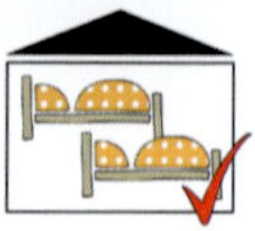

Для меня и моей семьи забронированы номера.
Es ist für mich und meine Familie reserviert worden.
Эс ист фюр михь унд майне Фами́ли резерви́рт во́рден.

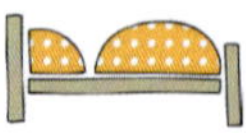

Я хотел бы одноместный номер.
Ich hätte gerne ein Einzelzimmer.
Ихь хе́тте ге́рне айн А́йнцельциммер.

Я хотел бы двухместный номер.
Ich hätte gerne ein Doppelzimmer.
Ихь хе́тте ге́рне айн До́ппельциммер.

У Вас есть номер на одного человека?
Haben Sie ein Zimmer für eine Person?
Ха́бен Зи айн Ци́ммер фюр айне Перзо́н?

У Вас есть номера на двоих?
Haben Sie ein Zimmer für zwei Personen?
Ха́бен Зи айн Ци́ммер фюр цвай Перзо́нен?

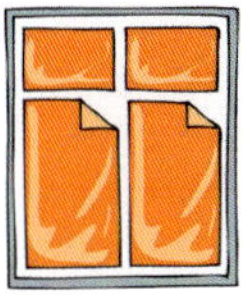

Мне нужен номер с двуспальной кроватью.
Ich hätte gerne ein Zimmer mit einem Doppelbett.
Ихь хе́тте ге́рне айн Ци́ммер мит а́йнем До́ппельбетт.

Мне нужен номер с двумя кроватями.
Ich hätte gerne ein Zimmer mit zwei Einzelbetten.
Ихь хе́тте ге́рне айн Ци́ммер мит цвай А́йнцельбеттен.

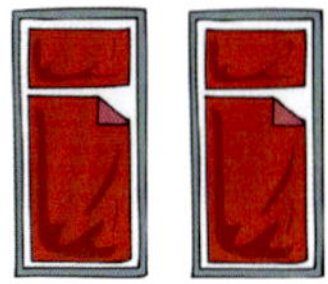

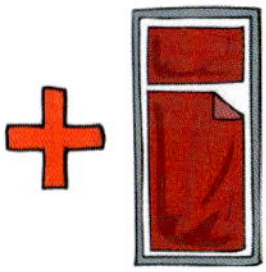

Не могли бы Вы поставить в номер дополнительную кровать?
Könnten Sie ein zusätzliches Bett mit ins Zimmer stellen?
Кёнтен Зи айн цу́зецлихес Бетт мит инс Ци́ммер ште́ллен?

Сколько этот номер стоит в день?
Wie viel kostet es pro Nacht?
Ви филь ко́стет эс про Нахт?

Сколько этот номер стоит с завтраком?
Wie viel kostet es für Zimmer mit Frühstück?
Ви филь ко́стет эс фюр Ци́ммер мит Фрю́штюк?

Я возьму этот номер на ночь.
Ich werde dieses Zimmer für eine Nacht nehmen.
Ихь ве́рде ди́зес Ци́ммер фюр айне Нахт не́мен.

Я возьму этот номер на неделю.
Ich werde dieses Zimmer für eine Woche nehmen.
Ихь ве́рде ди́зес Ци́ммер фюр а́йне Во́хе не́мен.

Бронирование - *Reservierung*

Когда нужно освободить номер?
Wann ist die Abreisezeit?
Ванн ист ди А́брайзецайт?

Есть что-нибудь подешевле?
Gibt es etwas Billigeres?
Гибт эс э́твас Би́ллигерес?

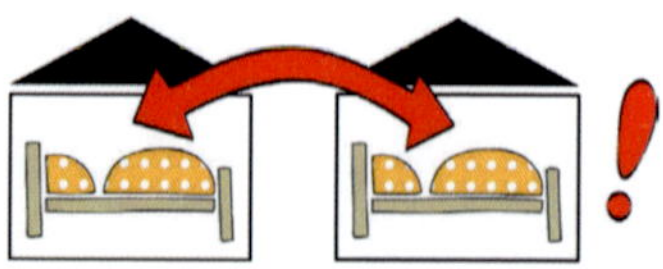

Вы можете порекомендовать мне другую гостиницу?
Können Sie mir ein anderes Hotel empfehlen?
Кённен Зи мир айн а́ндерес Хоте́ль эмпфе́лен?

Бронирование (Полезные слова)

Бронирование . . . . .Reservierung Резерви́рунг
Свободные номера . . . . .Freie Zimmer Фра́йе Ци́ммер
Мест нет . . . . .Ausgebucht А́усгебухт
Стойка администратора . . . . . .Rezeption Рецепцио́н
Портье .Portier Портье́
Администратор . . . . .Administrator Администра́тор
Менеджер . . . . .Manager Мэ́неджер

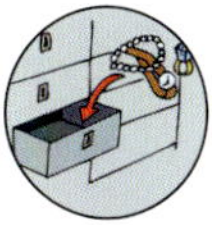

Я хотел бы поместить ценные вещи в сейф.
Ich würde gerne ein paar Wertsachen in das Schließfach legen.
Ихь вю́рде ге́рне айн пар Ве́ртзахен ин дас Шли́сфах ле́ген.

Я хотел бы забрать свои ценные вещи.
Ich hätte gerne meine Wertsachen zurück.
Ихь хе́тте ге́рне ма́йне Ве́ртзахен цурю́к.

Отправьте, пожалуйста, багаж в мой номер.
Könnten Sie bitte das Gepäck auf mein Zimmer bringen lassen?
Кёнтен Зи би́тте дас Гепе́к а́уф майн Ци́ммер бри́нген ла́ссен?

Не могли бы Вы присмотреть за багажом?
Könnten Sie das Gepäck für mich aufbewahren?
Кёнтен Зи дас Гепе́к фюр михь а́уфбеварен?

Обслуживание номеров, пожалуйста.
Zimmerservice, bitte.
Ци́ммерсервис, би́тте.

Войдите.
Herein.
Хера́йн.

Пожалуйста, принесите мне одеяло.
Bitte bringen Sie mir eine Decke.
Би́тте бри́нген Зи мир а́йне Де́кке.

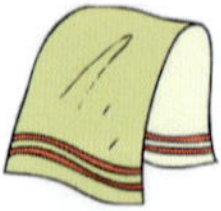

Пожалуйста, принесите мне другое полотенце.
Bitte bringen Sie mir noch ein Handtuch.
Би́тте бри́нген Зи мир нох айн Ха́ндтух.

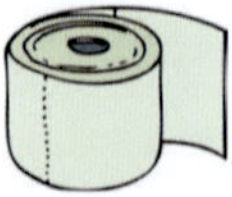

Пожалуйста, принесите мне туалетную бумагу.
Bitte bringen Sie mir etwas Toilettenpapier.
Би́тте бри́нген Зи мир э́твас Тойле́ттенпапир.

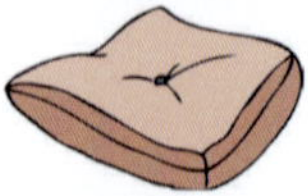

Пожалуйста, принесите мне еще одну подушку.
Bitte bringen Sie mir noch ein Kopfkissen.
Би́тте бри́нген Зи мир нох айн Ко́пфкиссен.

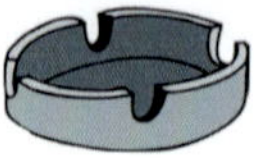

Пожалуйста, принесите мне пепельницу.
Bitte bringen Sie mir einen Aschenbecher.
Би́тте бри́нген Зи мир а́йнен А́шенбехер.

Где находится ресторан?
Wo ist das Restaurant?
Во ист дас Ре́сторан?

Здесь есть буфет?
Gibt es hier eine Imbissstube?
Гибт эс хир а́йне И́мбисштубе?

Во сколько можно поесть?
Zu welcher Uhrzeit gibt es Mahlzeiten?
Цу ве́льхер Урцайт гибт эс Ма́льцайтен?

Я хотел бы заказать завтрак на завтра.
Ich würde gerne für morgen Frühstück bestellen.
Ихь вю́рде ге́рне фюр мо́рген Фрю́штюк беште́ллен.

Можно дойти пешком или лучше взять такси?
Kann ich laufen oder sollte ich ein Taxi nehmen?
Канн ихь ла́уфен Одер зо́лльте ихь айн Та́кси не́мен?

Мне не оставляли сообщений?
Gibt es Telefonnachrichten für mich?
Гибт эс Телефо́ннахрихтен фюр михь?

Мне не оставляли почту?
Gibt es irgendwelche Post für mich?
Гибт эс и́ргендвельхе Пост фюр михь?

Дайте мне, пожалуйста, визитку с адресом вашей гостиницы.
Bitte geben Sie mir eine Visitenkarte mit der Hoteladresse.
Би́тте ге́бен Зи мир айне Визи́тенкарте мит дер Хоте́ладрессе.

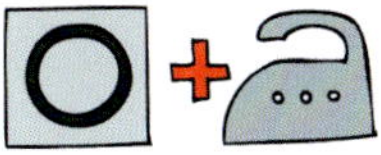

Вы можете почистить и отгладить это платье?
Bitte reinigen und bügeln Sie dieses Kleid.
Би́тте ра́йниген унд бю́гельн Зи ди́зес Клайд.

Отправьте, пожалуйста, эту одежду в стирку.
Könnten Sie bitte diese Sachen zur Wäscherei schicken?
Кё́нтен Зи би́тте ди́зе За́хен цур Ве́шерай ши́ккен?

Я хочу сдать это в стирку.
Ich würde das gerne waschen lassen.
Ихь вю́рде дас ге́рне ва́шен ла́ссен.

Вы можете удалить это пятно?
Können Sie diesen Fleck entfernen?
Кённен Зи ди́зен Флек энтфе́рнен?

Отгладьте это, пожалуйста.
Bitte bügeln Sie das.
Би́тте бю́гельн Зи дас.

Когда моя одежда будет готова?
Wann werden meine Sachen fertig sein?
Ванн ве́рден ма́йне За́хен фе́ртиг зайн?

Пожалуйста, уберите в этом номере.
Bitte räumen Sie das Zimmer auf.
Би́тте ро́ймен Зи дас Ци́ммер а́уф.

Не могли бы Вы вызвать такси?
Bitte rufen Sie ein Taxi.
Би́тте ру́фен Зи айн Та́кси.

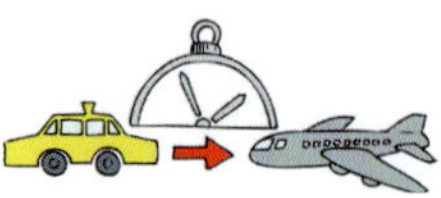

Сколько времени ехать в аэропорт на такси?
Wie lange fährt man mit dem Taxi zum Flughafen?
Ви ла́нге ферт ман мит дем Та́кси цум Флу́гхафен?

Какой у Вас код страны?
Wie ist Ihre internationale Vorwahl?
Ви ист И́ре интернациона́ле Фо́рваль?

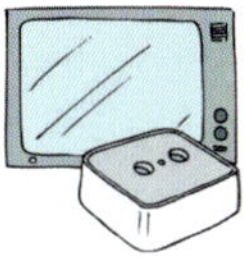

В отеле есть кабельное телевидение?
Hat das Hotel Kabelfernsehen?
Хат дас Хотéль Кáбельфернзеен?

В отеле есть гараж?
Hat das Hotel ein Parkhaus?
Хат дас Хотéль айн Пáркхаус?

В отеле есть сауна?
Hat das Hotel eine Sauna?
Хат дас Хотéль áйне Зáуна?

Где аварийный выход?
Wo ist der Notausgang?
Во ист дер Нóтаусганг?

Обслуживание (Полезные слова)

Не беспокоить........Bitte nicht stören. Бúтте нихт штёрен.
Полупансион.........Halbpension Хáльбпензион
Только завтраки......Zimmer mit Frühstück Цúммер мит Фрюштюк
Полный пансион......Vollpension Фóлльпензион
Все включено........Alles eingeschlossen Áллес áйнгешлоссен
Ресторан............Restaurant Рéсторан
Бар................Bar Бар
Кафе...............Café Кафé
Лифт...............Fahrstuhl Фáрштуль
Сувениры...........Souvenirladen Зувенúрладен
бассейн............Schwimmbad Швúмбад
носильщик..........Gepäckträger Гепéктрегер
горничная..........Zimmermädchen Цúммермедхен
Информация........Information Информациóн
Прачечная..........Wäscherei Вéшерай
Охраняемая стоянка...Bewachter Parkplatz Бевáхтер Пáркплац
Доступ в интернет....Internetzugang Интернéтцуганг
Мини-бар...........Minibar Минибáр

Жалобы - *Beschwerden*

У меня в номере проблема.
Ich habe ein Problem in meinem Zimmer.
Ихь хáбе айн Проблéм ин мáйнем Ци́ммер.

У меня в номере плохо пахнет.
Es riecht schlecht in meinem Zimmer.
Эс рихт шлехт ин мáйнем Ци́ммер.

Телевизор не работает.
Der Fernseher funktioniert nicht.
Дер Фéрнзеер функциони́рт нихт.

Телефон не работает.
Das Telefon funktioniert nicht.
Дас Телефóн функциони́рт нихт.

Ключ не работает.
Der Schlüssel funktioniert nicht.
Дер Шлю́ссель функциони́рт нихт.

Выключатель не работает.
Der Schalter funktioniert nicht.
Дер Шáльтер функциони́рт нихт.

Холодильник не работает.
Der Kühlschrank funktioniert nicht.
Дер Кю́льшранк функциони́рт нихт.

Кондиционер не работает.
Die Klimaanlage funktioniert nicht.
Ди Кли́маанлаге функциони́рт нихт.

Душ не работает.
Die Dusche funktioniert nicht.
Ди Ду́ше функциони́рт нихт.

Нет горячей воды.
Es gibt kein warmes Wasser.
Эс гибт кайн ва́рмес Ва́ссер.

Раковина засорена.
Der Abfluss ist verstopft.
Дер Абфлусс ист ферштóпфт.

Окно не закрывается.
Das Fenster schließt nicht.
Дас Фе́нстер шлист нихт.

Окно не открывается.
Das Fenster lässt sich nicht öffnen.
Дас Фе́нстер лест зихь нихт ое́фнен.

У меня в номере слишком жарко.
In meinem Zimmer ist es zu warm.
Ин ма́йнем Ци́ммер ист эс цу варм.

У меня в номере очень холодно.
In meinem Zimmer ist es zu kalt.
Ин ма́йнем Ци́ммер ист эс цу кальт.

Я хотел бы поменять номер.
Ich würde gerne mein Zimmer wechseln.
Ихь вю́рде ге́рне майн Ци́ммер ве́ксельн.

В моем номере не убрано.
Mein Zimmer wurde nicht aufgeräumt.
Майн Ци́ммер ву́рде нихт а́уфгероймт.

В этом номере насекомые.
In diesem Zimmer gibt es Ungeziefer.
Ин ди́зем Ци́ммер гибт эс У́нгецифер.

Я до сих пор жду заказанный завтрак.
Ich warte immer noch auf das Frühstück, das ich bestellt habe.
Ихь ва́рте и́ммер нох а́уф дас Фрю́штюк, дас ихь беште́лльт ха́бе.

Жалобы (Полезные слова)

холодильник .... Kühlschrank Кю́льшранк
лампа .... Lampe Ла́мпе
кондиционер .... Klimaanlage Кли́маанлаге
отопление .... Heizung Ха́йцунг
кран .... Hahn Хан
раковина .... Waschbecken Ва́шбеккен
душ .... Dusche Ду́ше
выключатель .... Schalter Ша́льтер
телевизор .... Fernseher Фе́рнзеер
телефон .... Telefon Телефо́н

Я выписываюсь.
Ich reise ab.
Ихь ра́йзе аб.

Я хочу уехать на день раньше.
Ich möchte einen Tag früher abreisen.
Ихь мёхте а́йнен Таг фрю́ер а́брайзен.

Я хотел бы пожить здесь еще несколько дней.
Ich möchte meinen Aufenthalt um einige Tage verlängern.
Ихь мёхте ма́йнен Ауфентхальт ум а́йниге Та́ге ферле́нгерн.

Можно заплатить позже?
Kann ich später zahlen?
Канн ихь шпе́тер ца́лен?

Я заплачу наличными.
Ich werde bar zahlen.
Ихь ве́рде бар ца́лен.

Я заплачу кредитной картой.
Ich werde mit Kreditkarte zahlen.
Ихь ве́рде мит Креди́ткарте ца́лен.

Можно получить счет?
ann ich die Rechnung haben?
анн ихь ди Ре́хнунг ха́бен?

Сколько мне насчитали за пользование мини-баром?
Wie viel wurde mir für die Minibar berechnet?
Ви филь ву́рде мир фюр ди Миниба́р бере́хнет?

Сколько мне насчитали за обслуживание номера?
Wie viel wurde mir für den Zimmerservice berechnet?
Ви филь ву́рде мир фюр ден Ци́ммерсервис бере́хнет?

Извините, но это не моя подпись.
Es tut mir leid, aber das ist nicht meine Unterschrift.
Эс тут мир лайд, абер дас ист нихт ма́йне У́нтершрифт.

Вы принимаете кредитные карточки?
Akzeptieren Sie eine Kreditkarte?
Акцепти́рен Зи а́йне Креди́ткарте?

Вы принимаете дорожные чеки?
Akzeptieren Sie Reiseschecks?
Акцепти́рен Зи Ра́йзечекс?

Закажите мне такси, пожалуйста.
Bitte bestellen Sie mir ein Taxi.
Би́тте бште́ллен Зи мир айн Та́кси.

Мне здесь понравилось.
Mein Aufenthalt hat mir gefallen.
Майн А́уфентхальт хат мир гефа́ллен.

Я хочу снять квартиру.
Ich möchte eine Wohnung zum Mieten finden.
Ихь мёхте áйне Вóнунг цум Ми́тен фи́нден.

Я хочу снять дом.
Ich möchte ein Haus zum Mieten finden.
Ихь мёхте айн Хáус цум Ми́тен фи́нден.

Сколько составляет первый взнос?
Wie hoch ist die Anzahlung?
Ви хох ист ди А́нцалунг?

Сколько надо платить в месяц?
Wie hoch ist die Monatsrate?
Ви хох ист ди Мóнатсрате?

Где нам забрать ключи?
Wo können wir die Schlüssel abholen?
Во кённен вир ди Шлю́ссель áбхолен?

Где здесь электросчетчик?
Wo ist der Stromzähler?
Во ист дер Штро́мцелер?

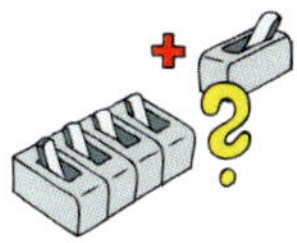

Есть ли запасные пробки?
Gibt es Ersatzsicherungen?
Гибт эс Эрза́цзихерунген?

Где здесь водогрей?
Wo ist der Boiler?
Во ист дер Бо́йлер?

Аренда жилья (Полезные слова)

плита	Herd Херд
сковорода	Bratpfanne Бра́тпфанне
тарелки	Teller Те́ллер
духовка	Ofen Офен
одеяла	Decken Де́ккен
стол	Tisch Тиш
стулья	Stühle Штю́ле

Как работает плита?
Wie funktioniert der Herd?
Ви функциони́рт дер Херд?

Как работает водогрей?
Wie funktioniert der Boiler?
Ви функциони́рт дер Бо́йлер?

Чайник не работает.
Der Wasserkessel funktioniert nicht.
Дер Ва́серкессель функциони́рт нихт.

Морозильник не работает.
Der Gefrierschrank funktioniert nicht.
Дер Гефри́ршранк функциони́рт нихт.

Бойлер не работает.
Der Boiler funktioniert nicht.
Дер Бо́йлер функциони́рт нихт.

Стиральная машина не работает.
Die Waschmaschine funktioniert nicht.
Ди Ва́шмашине функциони́рт нихт.

МЕСТНЫЙ ТРАНСПОРТ
STADTVERKEHR

70	Автобус/Метро	Bus/U-Bahn	70
73	Такси	Taxi	73
76	Аренда автомобиля	Autoverleih	76
79	Вождение/Парковка	Fahren/Parken	79
82	На станции техобслуживания	In der Autowerkstatt	82
84	Неисправности	Defekte	84
89	Аварии	Unfälle	89

Автобус/Метро - *Bus/U-Bahn*

Где ближайшая станция метро?
Wo ist die nächste U-Bahn-Station?
Во ист ди не́ксте У-Бан-Штацио́н?

Где ближайшая остановка автобуса?
Wo ist die nächste Bushaltestelle?
Во ист ди не́ксте Бу́схальтештелле?

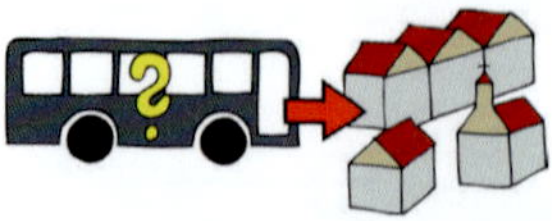

Какой автобус идет в центр?
Welcher Bus fährt in die Innenstadt?
Ве́льхер Бус ферт ин ди И́нненштадт?

Какой автобус идет в аэропорт?
Welcher Bus fährt zum Flughafen?
Ве́льхер Бус ферт цум Флу́гхафен?

Во сколько идет последний автобус в аэропорт?
Um wie viel Uhr fährt der letzte Bus zum Flughafen?
Ум ви филь Ур ферт дер ле́цте Бус цум Флу́гхафен?

Этот автобус идет туда?
Fährt dieser Bus dorthin?
Ферт ди́зер Бус до́ртхин?

Во сколько идет следующий автобус в аэропорт?
Um wie viel Uhr fährt der nächste Bus zum Flughafen?
Ум ви филь Ур ферт дер не́ксте Бус цум Флу́гхафен?

Где мне купить билет?
Wo kann ich einen Fahrschein kaufen?
Во канн ихь а́йнен Фа́ршайн ка́уфен?

Я могу купить проездной на неделю?
Kann ich eine Wochenkarte kaufen?
Канн ихь айне Во́хенкарте ка́уфен?

Сколько времени действует билет туда и обратно?
Wie lange ist ein Hin- und Rückfahrschein gültig?
Ви ла́нге ист айн Хин- унд Рю́кфаршайн гю́льтиг?

Я могу купить проездной на месяц?
Kann ich eine Monatskarte kaufen?
Канн ихь айне Мо́натскарте ка́уфен?

Сколько стоит билет туда?
Wie hoch ist der Fahrpreis bis dorthin?
Ви хох ист дер Фа́рпрайс бис до́ртхин?

Есть ли у Вас скидки для групп?
Gibt es einen Gruppentarif?
Гибт эс а́йнен Гру́ппентариф?

Сколько стоит проезд?
Was kostet eine Fahrt?
Вас ко́стет а́йне Фарт?

Автобус/Метро - *Bus/U-Bahn*

Мне нужно доплатить за багаж?
Muss ich für mein Gepäck extra zahlen?
Мусс ихь фюр майн Гепе́к э́кстра ца́лен?

Я хочу выйти здесь.
Ich möchte hier aussteigen, bitte.
Ихь мёхте хир а́усштайген, би́тте.

Пожалуйста, скажите, когда мне нужно будет выходить.
Bitte sagen Sie mir, wo ich aussteigen muss.
Би́тте за́ген Зи мир, во их а́усштайген мусс.

На следующей остановке, будьте добры.
Nächste Haltestelle, bitte.
Не́ксте Ха́льтестелле, би́тте.

Я хочу сдать билет.
Ich möchte diesen Fahrschein stornieren.
Ихь мёхте ди́зен Фа́ршайн шторни́рен.

Автобус/Метро (Полезные слова)

взрослый . . . . Erwachsener Эрва́ксенер
детский. . . . . Kind Кинд
автобус . . . . Reisebus Ра́йзебус
кондуктор . . . . Schaffner Ша́фнер
плата за проезд . . . . Fahrpreis Фа́рпрайс
билет . . . . Fahrschein Фа́ршайн
автобусная остановка . . Bushaltestelle Бу́схальтештелле
карта метро . . . . U-Bahn-Streckenkarte У-Бан-Штре́ккенкарте
расписание . . . . Fahrplan Фа́рплан
пересадка. . . . . Transfer/Verbindung Трансфе́р/Ферби́ндунг
Нет входа . . . . Kein Eingang Кайн А́йнганг

Где стоянка такси?
Wo ist ein Taxistand?
Во ист айн Та́кситанд?

Вызовите мне такси, пожалуйста.
Würden Sie bitte ein Taxi für mich rufen?
Вю́рден Зи би́тте айн Та́кси фюр михь ру́фен?

Мне нужно такси сейчас.
Ich möchte jetzt ein Taxi haben.
Ихь мёхте йецт айн Та́кси ха́бен.

Вы свободны?
Sind Sie frei?
Зинд Зи фрай?

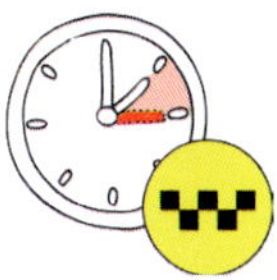

Мне нужно такси через час.
Ich möchte in einer Stunde ein Taxi haben.
Ихь мёхте ин а́йнер Шту́нде айн Та́кси ха́бен.

Отвезите меня в аэропорт, пожалуйста.
Fahren Sie mich bitte zum Flughafen.
Фа́рен Зи михь би́тте цум Флу́гхафен.

Отвезите меня в эту гостиницу, пожалуйста.
Fahren Sie mich bitte zu diesem Hotel.
Фа́рен Зи михь би́тте цу ди́зем Хо́тель.

Отвезите меня туда, пожалуйста.
Fahren Sie mich bitte dorthin.
Фа́рен Зи михь би́тте до́ртхин.

Отвезите меня в центр города, пожалуйста.
Fahren Sie mich bitte in die Innenstadt.
Фа́рен Зи михь би́тте ин ди И́нненштадт.

Сколько стоит доехать до аэропорта?
Wie viel kostet eine Fahrt zum Flughafen?
Ви филь ко́стет а́йне Фарт цум Флу́гхафен?

Сколько стоит доехать до вокзала?
Wie viel kostet eine Fahrt zum Bahnhof?
Ви филь ко́стет а́йне Фарт цум Ба́нхоф?

Дорого.
Zu viel.
Цу филь.

Самым коротким путем, пожалуйста.
Auf direktem Weg.
Ауф дире́ктем Вег.

Направо.
Nach rechts.
Нах рехтс.

Налево.
Nach links.
Нах линкс.

Остановитесь здесь.
Halten Sie hier an.
Ха́льтен Зи хир ан.

Помедленнее.
Fahren Sie langsamer.
Фа́рен Зи ла́нгзамер.

Вы можете подождать?
Können Sie warten?
Кённен Зи ва́ртен?

Это Вам.
Das ist für Sie.
Дас ист фюр Зи.

Сколько я Вам должен?
Wie viel schulde ich?
Ви филь шу́льде ихь?

Сдачу, пожалуйста.
Mein Wechselgeld, bitte.
Майн Ве́ксельгельд, би́тте.

Аренда автомобиля - *Autoverleih*

Я хочу взять напрокат машину.
Ich möchte ein Auto mieten.
Ихь мёхте айн А́уто ми́тен.

Я хочу взять напрокат мотоцикл.
Ich möchte ein Motorrad mieten.
Ихь мёхте айн Мото́ррад ми́тен.

Я хочу взять напрокат скутер.
Ich möchte einen Motorroller mieten.
Ихь мёхте а́йнен Мото́рроллер ми́тен.

Я хочу взять напрокат машину с водителем.
Ich möchte ein Auto mit Fahrer mieten.
Ихь мёхте айн А́уто мит Фа́рер ми́тен.

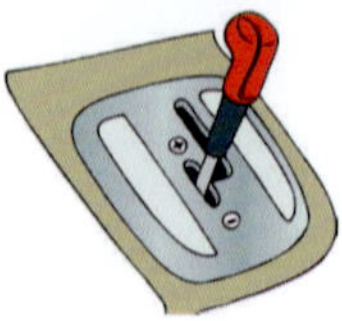

автоматическую коробку передач
ein Automatikgetriebe
айн Аутома́тикгетрибе

Сколько это будет стоить в день?
Was kostet es pro Tag?
Вас ко́стет эс про Таг?

Какие документы мне нужно иметь с собой?
Welche Dokumente soll ich dabeihaben?
Ве́льхе Докуме́нте золль ихь даба́йхабен?

Вот мои международные водительские права.
Das ist meine internationale Fahrerlaubnis.
Дас ист ма́йне интернациона́ле Фа́рерлаубнис.

Цена включает страховку?
Schließt dieser Preis eine Versicherung mit ein?
Шлист ди́зер Прайс а́йне Ферзи́херунг мит айн?

Сколько это будет стоить за километр?
Was kostet es pro Kilometer?
Вас ко́стет эс про Киломе́тер?

Сколько это будет стоить за уикенд?
Was kostet es pro Wochenende?
Вас ко́стет эс про Во́хененде?

Каков минимальный срок аренды?
Wie lang ist der minimale Mietzeitraum?
Ви ланг ист дер минима́ле Ми́тцайтраум?

Мне нужно оставлять залог?
Muss ich eine Kaution zahlen?
Мусс ихь а́йне Кауцио́н ца́лен?

Машина заправлена?
Ist das Auto betankt?
Ист дас Ауто бета́нкт?

Сколько нужно платить за дополнительный пробег?
Wie viel muss man für zusätzliche Kilometer bezahlen?
Ви филь мусс ман фюр цу́зецлихе Киломе́тер беца́лен?

На каком топливе она ездит?
Welchen Kraftstoff braucht es?
Ве́льхен Кра́фтштофф бра́ухт эс?

Я хотел бы опробовать машину.
Ich würde das Auto gerne ausprobieren.
Ихь вю́рде дас Áуто ге́рне áуспробирен.

Где я могу вернуть ее?
Wo kann ich es abgeben?
Во канн ихь эс áбгебен?

Нужно возвращать машину с полным баком?
Soll ich das Auto vollgetankt abgeben?
Золль ихь дас Áуто фо́лльгетанкт áбгебен?

Пожалуйста, пришлите машину к моему отелю.
Bitte schicken Sie ein Auto zu meinem Hotel.
Би́тте ши́ккен Зи айн Áуто цу мáйнем Хоте́ль.

Я хочу подать заявление на возмещение ущерба по автомобильной страховке.
Ich möchte eine Autoversicherung abschließen.
Ихь мёхте áйне Аутоферзихерунг áбшлисен

Аренда автомобиля (Полезные слова)

прокат автомобилей. . . . . .Autoverleih Áутоферлай
соглашение об аренде. . . . . . . .Mietvertrag Ми́тфертраг
бак . . . . .Tank Танк
страховка . . . . .Versicherung Ферзи́херунг

Где можно припарковаться?
Wo kann ich parken?
Во канн ихь па́ркен?

На сколько я могу оставить здесь машину?
Wie lange kann ich hier parken?
Ви ла́нге канн ихь хир па́ркен?

Нужно оплатить парковку машины?
Muss ich hier für das Parken bezahlen?
Мусс ихь хир фюр дас Па́ркен беца́лен?

Где ближайший гараж?
Wo ist das nächste Parkhaus?
Во ист дас не́ксте Па́ркхаус?

Где ближайшая парковка?
Wo ist der nächste Parkplatz?
Во ист дер не́ксте Па́ркплац?

Сколько в час?
Wie ist die Gebühr pro Stunde?
Ви ист ди Гебю́р про Шту́нде?

Сколько в день?
Wie ist die Gebühr pro Tag?
Ви ист ди Гебю́р про Таг?

Где ближайшая заправка?
Wo ist die nächste Tankstelle?
Во ист ди не́ксте Та́нкштелле?

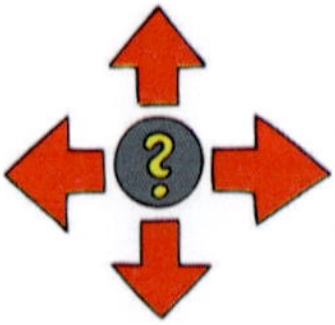

В какую сторону нужно ехать?
In welche Richtung soll ich fahren?
Ин ве́льхе Ри́хтунг золль ихь фа́рен?

Куда ведет эта дорога?
Wohin führt diese Straße?
Вохи́н фюрт ди́зе Штра́се?

Покажите, пожалуйста, на карте, где я?
Können Sie mir auf der Karte zeigen, wo ich bin?
Кённен Зи мир а́уф дер Ка́рте ца́йген, во их бин?

Где выезд на автостраду?
Wo ist die Einfahrt zur Autobahn?
Во ист ди Айнфарт цур Аутобан?

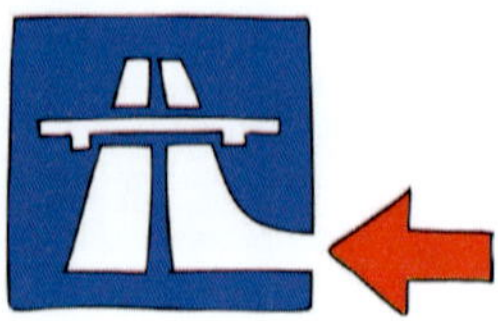

Вождение/Парковка (Полезные слова)

дорога . . . . Straße Штрáсе
ремонтные работы . . . . Baustelle Бáуштелле
перекресток . . . . Kreuzung Крóйцунг
поворот (дороги) . . . . . Kurve Кýрве
кольцевая развязка . . . Kreisverkehr Крáйсферкер
светофор . . . . Ampel Áмпель
дорожный знак . . . . Verkehrszeichen Феркéрсцайхен
грузовик . . . . Lastkraftwagen Лáсткрафтваген
пешеход . . . . Fußgänger Фýсгенгер
пешеходная зона . . . . . Fußgängerzone Фýсгенгерцоне
парковка . . . . Parken Пáркен
платная парковка . . . . . gebührenpflichtiger Parkplatz гебюренпфлихтигер Пáркплац
бесплатная парковка . . gebührenfreier Parkplatz гебюренфрайер Пáркплац
автомагистраль . . . . . . Autobahn Áутобан
платная дорога . . . . gebührenpflichtige Straße гебюренпфлихтиге Штрáсе
велосипедная дорожка Fahrradweg Фáррадвег
скорость . . . . Geschwindigkeit Гешви́ндигкайт
спидометр . . . . Tachometer Тахомéтер
прямо . . . . geradeaus герáдеаус
левый . . . . links линкс
правый . . . . rechts рехтс
первый . . . . erst эрст
следующий . . . . dann данн
тоннель . . . . Tunnel Туннéль
север . . . . Norden Нóрден
юг . . . . Süden Зю́ден
восток . . . . Osten Óстен
запад . . . . Westen Вéстен
приборная панель . . . . Armaturenbrett Арматýренбретт
место водителя . . . . Fahrersitz Фáрерзиц
водительские права . . . Fahrerlaubnis Фáрерлаубнис

На станции техобслуживания - *In der Autowerkstatt*

Полный бак, пожалуйста.
Tanken Sie es bitte voll.
Та́нкен Зи эс би́тте фолль.

Бензин-супер E10, пожалуйста.
Ich brauche Super E10.
Ихь бра́ухе Зу́пер Э-цейн.

Дизтопливо, пожалуйста.
Ich brauche Diesel.
Ихь бра́ухе Ди́зель.

Бензин-супер, пожалуйста.
Ich brauche Super.
Ихь бра́ухе Зу́пер.

Вы занимаетесь ремонтом?
Führen Sie Reparaturen durch?
Фю́рен Зи Репарату́рен дурх?

Проверьте масло, пожалуйста.
Überprüfen Sie bitte das Öl.
Уеберпрю́фен Зи би́тте дас Оель.

Можете это проверить?
Können Sie es für mich überprüfen?
Кённен Зи эс фюр михь уьберпрю́фен?

Проверьте давление в шинах, пожалуйста.
Überprüfen Sie bitte die Luft in den Reifen.
Уеберпрю́фен Зи би́тте ди Луфт ин ден Ра́йфен.

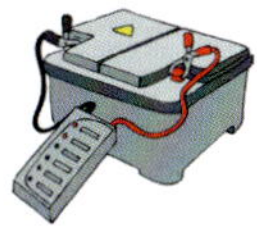

Проверьте аккумулятор, пожалуйста.
Überprüfen Sie bitte die Batterie.
Уеберпрю́фен Зи би́тте ди Баттери́.

Проверьте тормоза, пожалуйста.
Überprüfen Sie bitte die Bremsen.
Уеберпрю́фен Зи би́тте ди Бре́мзен.

Я хотел бы сменить масло.
Ich möchte Öl wechseln lassen, bitte.
Ихь мё́хте Оель ве́ксельн ла́ссен, би́тте.

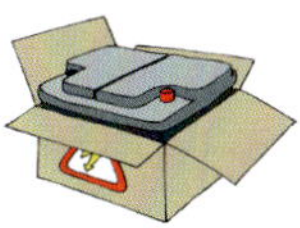

Я хотел бы новый аккумулятор.
Ich brauche eine neue Batterie.
Ихь бра́ухе а́йне но́йе Баттери́.

Я хотел бы новые свечи зажигания.
Ich brauche neue Zündkerzen.
Ихь бра́ухе но́йе Цю́ндкерцен.

Я хотел бы новый ремень вентилятора.
Ich brauche einen neuen Keilriemen.
Ихь бра́ухе а́йнен но́йен Ка́йльримен.

На станции техобслуживания (Полезные слова)

антифриз . . . . .Frostschutzmittel Фро́стшуцмиттель
автоматический . . . . .automatisch аутома́тиш
двигатель . . . . .Motor Мото́р
выхлопная труба . . . . .Abgas Абгас
номерной знак . . . . .Nummernschild Ну́ммерншильд
бензин .Benzin Бенци́н

Неисправности - *Defekte*

Двигатель не заводится.
Der Motor startet nicht.
Дер Мото́р шта́ртет нихт.

Двигатель перегревается.
Der Motor wird sehr heiß.
Дер Мото́р вирд зер хайс.

Очень шумит.
Es ist laut.
Эс ист ла́ут.

Что-то шумит.
Irgendwas macht ein Geräusch.
И́ргендвас махт айн Геро́йш.

У меня спустило колесо.
Ich habe einen platten Reifen.
Ихь ха́бе а́йнен пла́ттен Ра́йфен.

Что-то не в порядке с давлением масла.
Es ist etwas mit dem Öldruck nicht in Ordnung.
Эс ист э́твас мит дем Ое́льдрук нихт ин Орднунг.

Что-то не в порядке с электроникой.
Es ist etwas mit dem elektrischen System nicht in Ordnung.
Эс ист э́твас мит дем эле́ктришен Зюсте́м нихт ин Орднунг.

Что-то не в порядке с ремнем вентилятора.
Es ist etwas mit dem Keilriemen nicht in Ordnung.
Эс ист э́твас мит дем Ка́йльримен нихт ин Орднунг.

Что-то не в порядке с переключением передач.
Es ist etwas mit der Gangschaltung nicht in Ordnung.
Эс ист э́твас мит дер Га́нгшальтунг нихт ин Орднунг.

Что-то не в порядке с зажиганием.
Es ist etwas mit der Zündung nicht in Ordnung.
Эс ист э́твас мит дер Цю́ндунг нихт ин Орднунг.

Что-то не в порядке со стартером.
Es ist etwas mit dem Starter nicht in Ordnung.
Эс ист э́твас мит дем Шта́ртер нихт ин Орднунг.

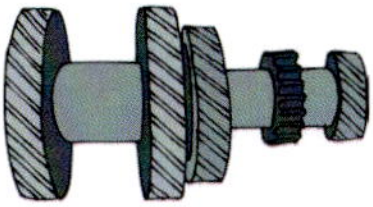

Что-то не в порядке с трансмиссией.
Es ist etwas mit dem Getriebe nicht in Ordnung.
Эс ист э́твас мит дем Гетри́бе нихт ин Орднунг.

Передние фары не горят.
Die Scheinwerfer funktionieren nicht.
Ди Ша́йнверфер функциони́рен нихт.

Аккумулятор разрядился.
Die Batterie ist leer.
Ди Баттери́ ист лер.

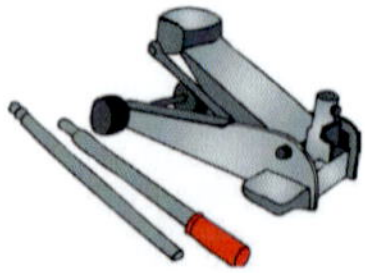

У вас есть запчасти?
Haben Sie Ersatzteile?
Ха́бен Зи Эрза́цтайле?

Вы не одолжите мне домкрат?
Können Sie mir einen Wagenheber leihen?
Кённен Зи мир а́йнен Ва́генхебер ла́йен?

Я запер ключи в машине.
Ich haben meine Schlüssel im Auto eingeschlossen.
Ихь ха́бе ма́йне Шлю́ссель им А́уто а́йнгешлоссен.

У нас кончился бензин.
Wir haben kein Benzin mehr.
Вир ха́бен кайн Бенци́н мер.

Машина сломалась. Пришлите кого-нибудь за ней.
Das Auto ist kaputtgegangen. Bitte schicken Sie jemanden her.
Дас А́уто ист капу́тгеганген. Би́тте ши́ккен Зи е́манден хер.

Не могли бы Вы прислать механика?
Können Sie einen Mechaniker schicken?
Кённен Зи а́йнен Меха́никер ши́ккен?

Не могли бы Вы прислать эвакуатор?
Können Sie ein Abschleppfahrzeug schicken?
Кённен Зи айн А́бшлепфарцойг ши́ккен?

Вы можете починить машину?
Können Sie das Auto reparieren?
Кённен Зи дас А́уто репари́рен?

Сколько времени займет ремонт машины?
Wie lange wird es dauern, das Auto zu reparieren?
Ви ла́нге вирд эс да́уэрн, дас А́уто цу репари́рен?

Позвоните мне, когда машина будет готова.
Rufen Sie mich an, wenn das Auto fertig ist?
Ру́фен Зи михь ан, венн дас А́уто фе́ртиг ист?

Ремонт покрывается моей страховкой?
Werden die Reparaturkosten durch meine Versicherung gedeckt?
Ве́рден ди Репарату́ркостен дурх ма́йне Ферзи́херунг геде́кт?

Выпишите мне, пожалуйста, подробный счет.
Geben Sie mir eine aufgeschlüsselte Rechnung?
Ге́бен Зи мир а́йне а́уфгешлюссельте Ре́хнунг?

Неисправности (Полезные слова)

тормоза ....Bremsen Бре́мзен
бампер ....Stoßstange Што́сштанге
крыло ....Kotflügel Ко́тфлюгель
капот....................Motorhaube Мото́рхаубе
багажник ....Kofferraum Ко́фферраум
запасное колесо............Ersatzrad Эрза́црад
руль ....Lenkrad Ле́нкрад
лобовое стекло............Windschutzscheibe Ви́ндшуцшайбе
дворники ....Scheibenwischer Ша́йбенвишер
колесо....................Rad Рад
сцепление ....Kupplung Ку́плунг
педаль тормоза ....Bremspedal Бре́мспедаль
педаль газа....................Gaspedal Га́спедаль
коробка передач ....Gangschaltung Га́нгшальтунг
ручной тормоз ....Handbremse Ха́ндбремзе
аварийный сигнал ....Blinker Бли́нкер
передняя фара............Scheinwerfer Ша́йнверфер
задняя фара....................Rücklicht Рю́клихт
зажигание....................Zündung Цю́ндунг
ремень безопасности ....Sicherheitsgurt Зи́херхайтсгурт
поворотник....................Blinklicht Бли́нклихт
боковое зеркало............Seitenspiegel За́йтеншпигель
зеркало заднего вида ....Rückspiegel Рю́ккшпигель

Произошла авария.
Es hat ein Unfall stattgefunden.
Эс хат айн Унфалль шта́ттгефунден.

Вызовите полицию.
Rufen Sie die Polizei.
Ру́фен Зи ди По́лицай.

Произошла поломка.
Es hat eine Panne stattgefunden.
Эс хат а́йне Па́нне шта́тгефунден.

Произошла кража.
Es hat ein Einbruch stattgefunden.
Эс хат айн А́йнбрух шта́тгефунден.

Вызовите врача.
Rufen Sie einen Arzt.
Ру́фен Зи а́йнен Арцт.

Вызовите пожарных.
Rufen Sie die Feuerwehr.
Ру́фен Зи ди Фо́йервер.

Есть пострадавшие.
Es sind Leute verletzt.
Эс зинд Ло́йте ферле́цт.

Это Вы виноваты.
Ich denke, es war Ihre Schuld.
Ихь де́нке, эс вар И́ре Шульд.

Он врезался в меня.
Er ist mir reingefahren.
Эр ист мир ра́йнгефарен.

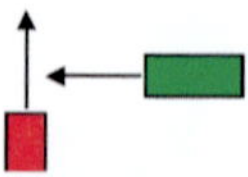

Мне должны были уступить дорогу.
Ich hatte Vorfahrt.
Ихь ха́тте Фо́рфарт.

Мне нужен переводчик.
Ich brauche einen Dolmetscher.
Ихь бра́ухе а́йнен Дольме́чер.

Может, договоримся?
Können wir die Sache unter uns klären?
Кё́ннен вир ди За́хе у́нтер унс кле́рен?

Я иностранец. Вот мои права.
Ich bin Ausländer. Hier ist meine Fahrerlaubnis.
Ихь бин А́услендер. Хир ист ма́йне Фа́рерлаубнис.

Можно попросить копию протокола происшествия?
Kann ich eine Kopie des Unfallberichts erhalten?
Канн ихь а́йне Копи́ дес У́нфалльберихтс эрха́льтен?

ОСМОТР ГОРОДА
SEHENSWÜRDIGKEITEN

92 Информация для туристов /Заказ тура

94 Как пройти

97 В музее

99 Развлечения/Кино/Театр

Touristeninformation/ Eine Reise buchen 92

Nach dem Weg fragen 94

Im Museum 97

Unterhaltung/Filme/Theater 99

Во сколько начало?
Um wie viel Uhr geht es los?
Ум ви филь Ур гейт эс лос?

Я хочу пойти на экскурсию.
Ich möchte Sehenswürdigkeiten anschauen.
Ихь мёхте Зе́енсвюрдигкайтен а́ншауэн.

Не слишком ли далеко идти туда пешком?
Ist es zu weit zum Laufen?
Ист эс цу вайт цум Ла́уфен?

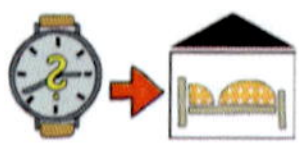

Во сколько мы вернемся?
Um wie viel Uhr sind wir zurück?
Ум ви филь Ур зинд вир цурю́к?

Где и когда мы можем встретиться?
Wann und wo können wir uns treffen?
Ванн унд во кённен вир унс тре́ффен?

Какие достопримечательности мы увидим?
Welche Sehenswürdigkeiten werden wir anschauen?
Ве́льхе Зе́енсвюрдигкайтен ве́рден вир а́ншауэн?

Есть экскурсии по городу?
Gibt es hier eine Stadtrundfahrt?
Гибт эс хир а́йне Шта́дтрундфарт?

Скажите, пожалуйста, какие здесь есть музеи?
Bitte sagen Sie mir, welche Museen es hier gibt.
Би́тте за́ген Зи мир, ве́льхе Музе́ен эс хир гибт.

Скажите, пожалуйста, какие здесь есть театры?
Bitte sagen Sie mir, welche Theater es hier gibt.
Би́тте за́ген Зи мир, ве́льхе Теа́тер эс хир гибт.

Где находятся основные достопримечательности?
Was ist besonders sehenswert?
Вас ист безо́ндерс зе́енсверт?

Вы не порекомендуете гида?
Können Sie einen Fremdenführer empfehlen?
Кённен Зи а́йнен Фре́мденфюрер эмпфе́лен?

Не могли бы Вы организовать для меня путешествие?
Würden Sie bitte den Ausflug für mich arrangieren?
Вю́рден Зи би́тте ден Ау́сфлуг фюр михь арранжи́рен?

Где мне купить карту города?
Wo kann ich einen Stadtplan kaufen?
Во канн ихь а́йнен Шта́дтплан ка́уфен?

Как пройти - *Nach dem Weg fragen*

Как мне пройти к гостинице?
Zeigen Sie mir bitte den Weg zum Hotel.
Ца́йген Зи мир би́тте ден Вег цум Хоте́ль.

Как мне пройти на пляж?
Zeigen Sie mir bitte den Weg zum Strand.
Ца́йген Зи мир би́тте ден Вег цум Штранд.

Как мне пройти к отделению полиции?
Zeigen Sie mir bitte den Weg zur Polizeistation.
Ца́йген Зи мир би́тте ден Вег цур По́лицайштацион.

В какую сторону идти к центру?
In welcher Richtung liegt die Innenstadt?
Ин ве́льхер Ри́хтунг лигт ди И́нненштадт?

Где находится ратуша?
Wo ist das Rathaus?
Во ист дас Ра́тхаус?

Как мне пройти в центр города?
Zeigen Sie mir bitte den Weg ins Stadtzentrum.
Ца́йген Зи мир би́тте ден Вег инс Шта́дцентрум.

Извините, как мне сюда добраться?
Entschuldigung, wie komme ich hierher?
Энтшу́льдигунг, ви ко́мме ихь хи́рхер?

Где находится музей?
Wo ist das Museum?
Во ист дас Музе́ум?

Где находится театр?
Wo ist das Theater?
Во ист дас Теа́тер?

Где находится художественная галерея?
Wo ist die Kunstgalerie?
Во ист ди Ку́нстгалери?

Где ближайшая стоянка такси?
Wo ist der nächste Taxistand?
Во ист дер не́ксте Та́ксиштанд?

Где находится церковь?
Wo ist die Kirche?
Во ист ди Ки́рхе?

Где ближайшая станция метро?
Wo ist die nächste U-Bahn-Station?
Во ист ди не́ксте У-Бан-Штацио́н?

Как пройти - *Nach dem Weg fragen*

Как называется эта улица?
Wie heißt diese Straße?
Ви хайст ди́зе Штра́се?

Как называется этот район?
Wie heißt dieser Stadtteil?
Ви хайст ди́зер Шта́дтайль?

Где мы сейчас?
Wo sind wir jetzt?
Во зинд вир йецт?

Как называется этот город?
Wie heißt diese Stadt?
Ви хайст ди́зе Штадт?

Это далеко отсюда?
Ist es weit weg von hier?
Ист эс вайт вег фон хир?

Я заблудился.
Ich habe mich verlaufen.
Ихь ха́бе михь ферла́уфен.

Пожалуйста, набросайте здесь план.
Bitte zeichnen Sie hier einen Plan.
Би́тте ца́йхнен Зи хир а́йнен План.

Музей открыт для посетителей?
Ist das Museum der Öffentlichkeit zugänglich?
Ист дас Музéум дер Оéффентлих

Сколько стоит входной билет?
Was kostet der Eintritt?
Вас кóстет дер Айнтритт?

Во сколько открывается музей?
Um wie viel Uhr wird das Museum geöffnet?
Ум ви филь Ур вирд дас Музéум геё̆фнет?

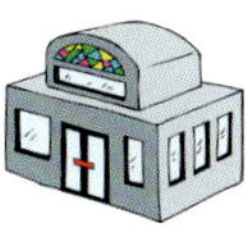

Во сколько закрывается музей?
Um wie viel Uhr wird das Museum geschlossen?
Ум ви филь Ур вирд дас Музéум гешлóссен?

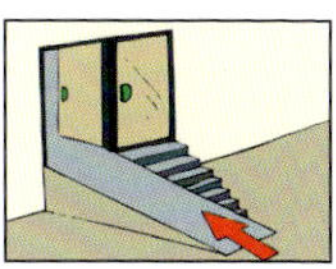

Есть ли вход для инвалидов?
Gibt es einen behindertengerechten Zugang?
Гибт эс áйнен бехúндертенгерехтен Цýганг?

Есть аудиоэкскурсии на английском?
Gibt es einen englischsprachigen Hör-Reiseführer?
Гибт эс áйнен э́нглишшпрахиген Хёр-Рáйзефюрер?

В музее - *Im Museum*

Вы не сфотографируете меня?
Würden Sie bitte ein Bild von mir machen?
Вю́рден Зи би́тте айн Бильд фон мир ма́хен?

Можно использовать вспышку?
Darf ich den Blitz benutzen?
Дарф ихь ден Блиц бену́тцен?

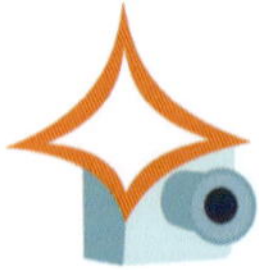

Здесь можно фотографировать?
Darf ich hier fotografieren?
Дарф ихь хир фотографи́рен?

В музее (Полезные слова)

Часы работы . . . . Besuchszeiten Безу́хсцайтен
Открыто . . . . Geöffnet Геёфнет
Закрыто . . . . Geschlossen Гешло́ссен
Вход свободный . . . . Freier Eintritt Фра́йер А́йнтритт
построен в . . . . erbaut um эрба́ут ум
основан в . . . . gegründet um гегрю́ндет ум
художник . . . . Maler Ма́лер
шедевр . . . . Meisterwerk Ма́йстерверк
выставка . . . . Ausstellung А́усштеллунг
король . . . . König Кёниг
королева . . . . Königin Кёнигин
Служебное помещение . . . . Nur für Mitarbeiter Нур фюр Ми́тарбайтер
Руками не трогать . . . . Bitte nicht berühren Би́тте нихт берю́рен

У Вас есть программа культурных мероприятий?
Haben Sie ein Veranstaltungsprogramm?
Хáбен Зи айн Ферáнштальтунгспрограмм?

Можно мне программку?
Kann ich bitte das Programm haben?
Канн ихь би́тте дас Прогрáмм хáбен?

Вы можете порекомендовать концерт?
Können Sie mir ein Konzert empfehlen?
Кённен Зи мир айн Концéрт эмпфéлен?

На сегодня еще есть билеты?
Gibt es noch Plätze für heute Abend?
Гибт эс нох Плéтце фюр хóйте Абенд?

Во сколько начинается спектакль?
Um wie viel Uhr fängt die Vorstellung an?
Ум ви филь Ур фенгт ди Фóрштеллунг ан?

Во сколько начинается концерт?
Um wie viel Uhr fängt das Konzert an?
Ум ви филь Ур фенгт дас Концéрт ан?

Сколько времени это будет идти?
Wie lange dauert es?
Ви лáнге дáуэрт эс?

Где здесь гардероб?
Wo ist die Garderobe?
Во ист ди Гардерóбе?

Хотите пойти со мной в театр?
Möchten Sie mit mir ins Theater gehen?
Мёхтен Зи мит мир инс Теа́тер ге́ен?

Я куплю билеты.
Ich besorge die Eintrittskarten.
Ихь безо́рге ди Айнтритскартен.

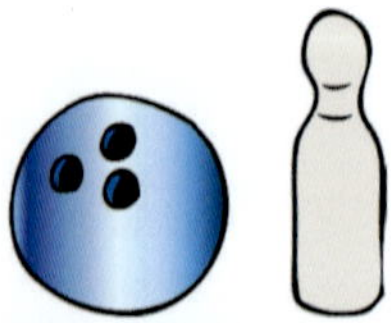

До боулинга далеко?
Ist es weit bis zum Bowlingklub?
Ист эс вайт бис цум Бо́линклуб?

До ночного клуба далеко?
Ist es weit bis zum Nachtklub?
Ист эс вайт бис цум На́хтклуб?

До дискотеки далеко?
Ist es weit bis zur Disko?
Ист эс вайт бис цур Ди́ско?

Какую музыку там играют?
Welche Musik wird dort gespielt?
Ве́льхе Музи́к вирд дорт гешпи́льт?

Вход платный?
Ist der Eintritt gebührenpflichtig?
Ист дер Айнтритт гебю́ренпфлихтиг?

БАНК

BANK

102 Вклад/Снятие денег со счета
104 Обмен валюты

Einzahlung/Abhebung 102
Geldwechsel 104

Вклад/Снятие денег со счета - *Einzahlung/Abhebung*

До которого часа работает банк?
Bis wann ist die Bank geöffnet?
Бис ванн ист ди Банк геёфнет?

До которого часа работает пункт обмена валюты?
Bis wann ist die Wechselstube geöffnet?
Бис ванн ист ди Ве́ксельштубе геёфнет?

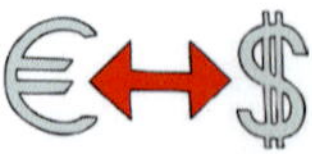

Где здесь ближайший пункт обмена валюты?
Wo ist die nächste Wechselstube?
Во ист ди не́ксте Ве́ксельштубе?

Могу я здесь снять деньги с кредитной карты?
Kann ich hier Geld mit meiner Kreditkarte abheben?
Канн ихь хир Гельд мит ма́йнер Креди́ткарте а́бхебен?

Где находятся банкоматы?
Wo sind die Geldautomaten?
Во зинд ди Ге́льдаутоматен?

Вклад/Снятие денег со счета (Полезные слова)

Банкомат	Geldautomat	Ге́льдаутомат
банк	Bank	Банк
деньги	Geld	Гельд
наличные	Bargeld	Ба́ргельд
банкноты (купюры)	Banknoten	Банкно́тен
монеты	Münzen	Мю́нцен
чек	Quittung	Кви́ттунг
комиссия	Provision	Провизио́н
дорожный чек	Reisescheck	Ра́йзечек
процентная ставка	Zinssatz	Ци́нсзац
Виза	Visa-Karte	Ви́за-Ка́рте
Мастеркард	MasterCard	Ма́стерКард
Америкэн Экспресс	American Express Karte	Аме́рикан Экспре́сс Ка́рте

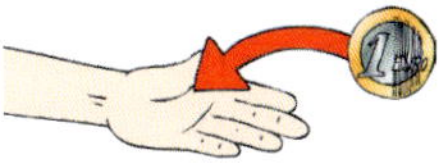

Я хочу снять со счета немного денег.
Ich möchte etwas Geld abheben.
Ихь мёхте э́твас Гельд а́бхебен.

Я хочу положить на счет немного денег.
Ich möchte etwas Geld einzahlen.
Ихь мёхте э́твас Гельд а́йнцален.

Я хотел бы открыть счет.
Ich möchte ein Konto eröffnen.
Ихь мёхте айн Ко́нто эрёфнен.

Я хотел бы открыть текущий счет.
Ich möchte ein Girokonto eröffnen.
Ихь мёхте айн Жи́роконто эрёфнен.

Я хотел бы открыть сберегательный счет.
Ich möchte ein Sparkonto eröffnen.
Ихь мёхте айн Шпа́рконто эрёфнен.

Мне нужен бланк для внесения денег.
Ich brauche einen Einzahlungsbeleg.
Ихь бра́ухе а́йнен А́йнцалунгсбелег.

Вам нужен мой паспорт?
Brauchen Sie meinen Reisepass?
Бра́ухен Зи ма́йнен Ра́йзепасс?

Вот мое удостоверение.
Hier ist mein Ausweis.
Хир ист майн А́усвайс.

Мне нужен бланк для снятия денег.
Ich brauche einen Auszahlungsbeleg.
Ихь бра́ухе а́йнен А́усцалунгсбелег.

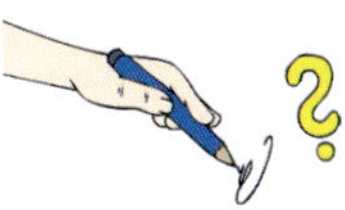

Где мне расписаться?
Wo soll ich unterschreiben?
Во золль ихь унтершра́йбен?

Обмен валюты - *Geldwechsel*

Где я могу обменять деньги?
Wo kann ich Geld wechseln?
Во канн ихь Гельд ве́ксельн?

Какой обменный курс евро?
Wie ist der Wechselkurs für Euro?
Ви ист дер Ве́ксельнкурс фюр Ойро?

Я хотел бы обналичить дорожный чек.
Ich möchte diesen Reisescheck einlösen.
Ихь мёхте ди́зен Ра́йзечек а́йнлёзен.

Какой у вас комиссионный сбор?
Wie hoch ist die Provision?
Ви хох ист ди Провизио́н?

Разменяйте, пожалуйста, эту купюру.
Können Sie mir diesen Schein wechseln?
Кённен Зи мир ди́зен Шайн ве́ксельн?

Обмен валюты (Полезные слова)

Обмен валюты . . . . .Geldwechsel Ге́льдвексель
доллар .Dollar До́ллар
евро . . . . .Euro Ойро
фунт стерлингов. . . . . .Pfund Пфунд
песо . . . . .Peso Пе́зо
рупия .Rupie Ру́пи
рубль .Rubel Ру́бель
динар .Dinar Дина́р
шекель . . . . .Schekel Ше́кель
лари . . . . .Lari Ла́ри
юань . . . . .Yuan Юа́н
реал . . . . .Real Реа́ль
иена . . . . .Yen Иэ́н
вона . . . . .Won Вон

СРЕДСТВА СВЯЗИ
KOMMUNIKATION

106	Почта	Postamt	106
109	Телефон	Telefon	109
112	Интернет	Internet	112

Почта - *Postamt*

Где ближайшая почта?
Wo ist das nächste Postamt?
Во ист дас не́ксте По́стамт?

Где почтовый ящик?
Wo ist der Briefkasten?
Во ист дер Бри́фкастен?

Скажите, пожалуйста, как пройти к почте?
Würden Sie mir bitte den Weg zum Postamt zeigen?
Вю́рден Зи мир би́тте ден Вег цум По́стамт ца́йген?

Где ближайшее интернет-кафе?
Wo ist das nächste Internetcafé?
Во ист дас не́ксте Интерне́ткафе́?

Где можно купить марки и открытки?
Wo kann ich Briefmarken und Postkarten kaufen?
Во канн их Бри́фмаркен унд По́сткартен ка́уфен?

Где письма до востребования?
Wo sind die postlagernden Sendungen?
Во зинд ди по́стлагернден Зе́ндунген?

марка
Briefmarke
Бри́фмарке

пакет
Päckchen
Пе́кхен

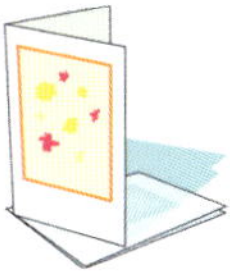

открытка
Postkarte
По́сткарте

почтовый ящик
Briefkasten
Бри́фкастен

письмо
Brief
Бриф

конверт
Umschlag
Умшлаг

Сколько стоят марки для этих писем?
Was kosten Briefmarken für diese Briefe?
Вас костен Бри́фмаркен фюр ди́зе Бри́фе?

Сколько будет стоить письмо в Европу?
Wie hoch ist das Porto nach Europa?
Ви хох ист дас По́рто нах Ойропа?

Можно мне ручку?
Ich brauche einen Stift.
Ихь бра́ухе а́йнен Штифт.

Я хочу отправить это экспресс-почтой.
Ich möchte das hier als Eilsendung verschicken.
Ихь мёхте дас хир альс Айльзендунг ферши́ккен.

Я хочу отправить это заказным письмом.
Ich möchte das hier per Einschreiben verschicken.
Ихь мёхте дас хир пер Айншрайбен ферши́ккен.

Я хочу отправить это авиапочтой.
Ich möchte das hier mit Luftpost verschicken.
Ихь мёхте дас хир мит Лу́фтпост ферши́ккен.

Почта (Полезные слова)

почтовый адрес . . . . .Postanschrift По́станшрифт
обратный адрес . . . . .Absenderadresse Абзендерадрессе
заказное. . . . . .als Einschreiben альс Айншрайбен
ценное .versichert ферзи́херт
хрупкое. . . . . .zerbrechlich цербре́хлих
содержимое . . . . .Inhalt И́нхальт
кому/от. . . . . .nach/von нах/фон
почтовый индекс . . . . .Postleitzahl По́стлайтцаль
телеграмма. . . . . .Telegramm Телегра́мм

Можно воспользоваться Вашим телефоном?
Kann ich Ihr Telefon benutzen?
Канн ихь Ир Телефóн бенýтцен?

Можно мне набирать номер напрямую?
Kann ich direkt wählen?
Канн ихь дирéкт вéлен?

Где здесь поблизости телефон-автомат?
Wo gibt es hier in der Nähe ein öffentliches Telefon?
Во гибт эс хир ин дер Нée айн оéффентлихес Телефóн?

Я хочу сделать международный звонок.
Ich möchte ein internationales Gespräch führen.
Ихь мёхте айн интернационáлес Гешпрéх фюрен.

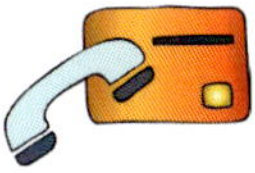

Я хочу сделать звонок по кредитной карте.
Ich möchte ein Kreditkartengespräch führen.
Ихь мёхте айн Кредúткартенгешпрех фюрен.

Линия занята.
Die Leitung ist besetzt.
Ди Лайтунг ист безéцт.

Сколько стоит минута?
Was kostet es pro Minute?
Вас кóстет эс про Минýте?

телефон - *Telefon*

Я ошибся номером.
Ich habe mich verwählt.
Ихь ха́бе михь ферве́льт.

Не кладите трубку, пожалуйста.
Bitte bleiben Sie am Apparat.
Би́тте бла́йбен Зи ам Аппара́т.

Я перезвоню позже.
Ich rufe später noch einmal an.
Ихь ру́фе шпе́тер нох а́йнмаль ан.

Не могли бы Вы набрать номер за меня?
Können Sie für mich wählen?
Кё́ннен Зи фюр михь ве́лен?

Не могли бы Вы поговорить за меня?
Können Sie für mich sprechen?
Кё́ннен Зи фюр михь шпре́хен?

Как это пишется?
Buchstabieren Sie bitte.
Бухштаби́рен Зи би́тте.

Кто говорит?
Wer spricht da, bitte?
Вер шприхт да, би́тте?

Я могу оставить сообщение?
Kann ich eine Nachricht hinterlassen?
Канн ихь а́йне Нах́рихт хинтерла́ссен?

Спасибо за звонок.
Vielen Dank für Ihren Anruf.
Фи́лен Данк фюр И́рен Анруф.

Когда он вернется?
Wann ist er voraussichtlich zurück?
Ванн ист эр фора́уссихтлих цурю́к?

Пожалуйста, попросите его мне перезвонить.
Bitte sagen Sie ihm, er möge mich anrufen.
Би́тте за́ген Зи им, эр мёге михь а́нруфен.

Телефон (Полезные слова)

местный звонок . . . . .Ortsgespräch Ортсгешпрех
международный звонок . . . . . . .Ferngespräch Фе́рнгешпрех
телефонная карта. . . . . .Telefonkarte Телефо́нкарте
оператор. . . . . .Vermittlung Ферми́тлунг
код страны . . . . .Landesvorwahl Ла́ндесфорваль
код зоны/региона. . . . . .Ortsvorwahl Ортсфорваль
телефонный справочник . . . . . .Telefonbuch Телефо́нбух
не работает . . . . .außer Betrieb а́усер Бетри́б

Интернет - *Internet*

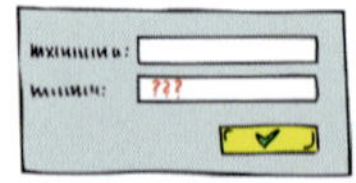

Как мне войти в сеть?
Wie kann man einloggen?
Ви канн ман а́йнлогген?

Можно здесь выйти в интернет?
Kann ich hier ins Internet gehen?
Канн ихь хир инс Интерне́т ге́ен?

Сколько стоит час?
Wie hoch ist die Gebühr pro Stunde?
Ви хох ист ди Гебю́р про Шту́нде?

Я хочу послать письмо по электронной почте.
Ich würde gerne eine E-Mail-Nachricht schicken.
Ихь вю́рде ге́рне а́йне И-Мейль-На́хрихт ши́ккен.

Какой у вас электронный адрес?
Wie ist Ihre E-Mail-Adresse?
Ви ист И́ре И-Мейль-Адре́ссе?

Я хочу послать письмо по факсу.
Ich würde gerne eine Faxnachricht schicken.
Ихь вю́рде ге́рне а́йне Фа́кснахрихт ши́ккен.

В РЕСТОРАНЕ
IM RESTAURANT

114	Заказ столика	Reservierungen	114
117	Заказ блюд	Speisen bestellen	117
124	Обслуживание	Service	124
131	Оплата	Bezahlen	131

Здесь есть поблизости хороший ресторан?
Gibt es hier in der Nähe gute Restaurants?
Гибт эс хир ин дер Нée гýте Рéсторанс?

Здесь есть поблизости недорогой ресторан?
Gibt es hier in der Nähe billige Restaurants?
Гибт эс хир ин дер Нée би́ллиге Рéсторанс?

Здесь есть поблизости ресторан с местной кухней?
Gibt es hier in der Nähe authentische Restaurants?
Гибт эс хир ин дер Нée аутéнтише Рéсторанс?

Здесь есть поблизости вегетарианский ресторан?
Gibt es hier in der Nähe vegetarische Restaurants?
Гибт эс хир ин дер Нée вегетáрише Рéсторанс?

Здесь есть где-нибудь кофейня?
Wo kann ich einen Kaffeeshop finden?
Во канн ихь áйнен Кáффешоп фи́нден?

Здесь есть где-нибудь чайная?
Wo kann ich eine Teestube finden?
Во канн ихь áйне Теéштубе фи́нден?

Здесь есть где-нибудь закусочная?
Wo kann ich ein Speiselokal finden?
Во канн ихь айн Шпа́йзелокаль фи́нден?

Здесь есть где-нибудь фаст-фуд?
Wo kann ich ein Fastfood-Restaurant finden?
Во канн ихь айн Фа́стфуд-Ре́сторан фи́нден?

Что-нибудь, где не слишком дорого.
Ein Lokal, wo es nicht zu teuer ist.
Айн Лока́ль, во эс нихт цу то́йер ист.

Я хотел бы пойти в индийский ресторан.
Ich möchte in ein indisches Restaurant gehen.
Ихь мёхте ин айн и́ндишес Ре́сторан ге́ен.

Не могли бы Вы зарезервировать для меня столик?
Können Sie für mich eine Reservierung machen?
Кённен Зи фюр михь а́йне Резерви́рунг ма́хен?

Там подают блюда местной кухни?
Kann ich dort einheimische Gerichte probieren?
Канн ихь дорт а́йнхаймише Гери́хте проби́рен?

Я хотел бы попробовать лучшие местные блюда.
Ich möchte die besten einheimischen Gerichte essen.
Ихь мёхте ди бе́стен а́йнхаймишен Гери́хте э́ссен.

Я хотел бы заказать столик на сегодняшний вечер.
Ich möchte einen Tisch für heute Abend bestellen.
Ихь мёхте а́йнен Тиш фюр хо́йте А́бенд беште́ллен.

Мы придем в 7 часов.
Wir kommen um sieben Uhr.
Вир ко́ммен ум зи́бен Ур.

Когда вы открываетесь на завтрак?
Um wie viel Uhr werden Sie zum Frühstück geöffnet?
Ум ви филь Ур ве́рден Зи цум Фрю́штюк геёфнет?

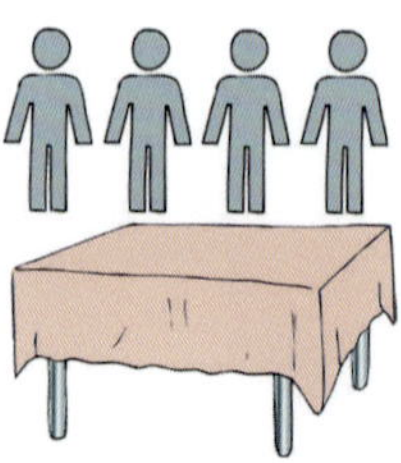

Мне нужен стол на четверых.
Ich hätte gerne einen Tisch für vier Personen.
Ихь хе́тте ге́рне а́йнен Тиш фюр фир Перзо́нен.

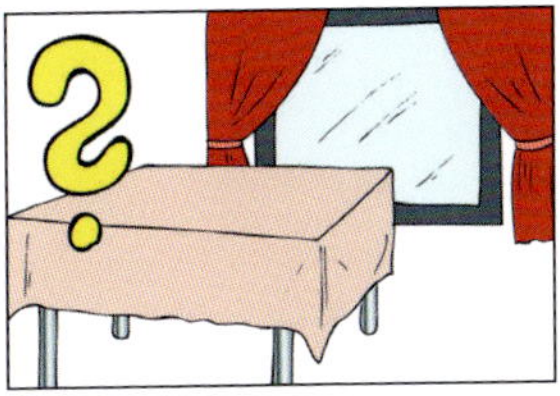

У вас есть столик у окна?
Haben Sie einen Tisch am Fenster?
Ха́бен Зи а́йнен Тиш ам Фе́нстер?

Я могу сесть вон там?
Kann ich dort drüben sitzen?
Канн ихь дорт дрю́бен зи́тцен?

Я могу сесть в зале для курящих?
Kann ich im Raucherbereich sitzen?
Канн ихь им Ра́ухерберайх зи́тцен?

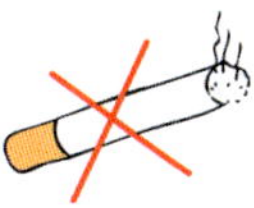

Я могу сесть в зале для некурящих?
Kann ich im Nichtraucherbereich sitzen?
Канн ихь им Ни́хтраухерберайх зи́тцен?

Я хотел бы сделать заказ.
Ich möchte eine Bestellung aufgeben.
Ихь мёхте а́йне Бештэ́ллунг а́уфгебен.

Я хотел бы посмотреть меню.
Ich möchte die Speisekarte sehen.
Ихь мёхте ди Шпа́йзекарте зе́ен.

Я хотел бы только салат.
Ich hätte gerne nur einen Salat.
Ихь хе́тте ге́рне нур а́йнен Зала́т.

Я хотел бы что-нибудь выпить.
Ich hätte gerne etwas zu trinken.
Ихь хе́тте ге́рне э́твас цу три́нкен.

Заказ блюд - *Speisen bestellen*

Какое здесь фирменное блюдо?
Was ist die Spezialität des Hauses?
Вас ист ди Шпециалитéт дес Хáузес?

Я хотел бы заказать блюдо.
Ich möchte ein Gericht bestellen.
Ихь мёхте айн Гери́хт бештéллен.

В ресторане: закуски

картофельные чипсы ....Kartoffelchips Картóффельчипс
орешки к пиву ....Biernüsse Би́рнюссе
тост........................Toast Тост
чесночный хлеб ....Knoblauchbrot Кнóблаухброт
салат.......................Salat Залáт
салат-бар ....Salatbar Залáтбар
шеф-салат ....Chefsalat Шéфзалат
греческий салат ....griechischer Salat гри́хишер Залáт
зеленый салат ....grüner Salat грю́нер Залáт
"салат ""Цезарь"" ....Cäsar-Salat Цéзар-Залáт
фруктовый салат ....Obstsalat Обстзалат
картофельный салат..........Kartoffelsalat Картóффельзалат
капустный салат.............Krautsalat Крáутзалат
коктейль из креветок ....Krabbensalat Крáббензалат

Я возьму то, что Вы посоветуете.
Ich nehme das, was Sie empfehlen.
Ихь нéме дас, вас Зи эмпфéлен.

устричный садок . . . . .Austereintopf Аустерайнтопф
омлет . . . . .Omelette Омлéтте
яйца всмятку . . . . .weichgekochte Eier вáйхгекохте Айер
яйца вкрутую . . . . .hartgekochte Eier хáртгекохте Айер
кукурузные хлопья . . . . .Cornflakes Кóрнфлейкс
овсяная каша . . . . .Haferflocken Хáферфлоккен
куриные крылышки . . . . .Hühnerflügel Хю́нерфлюгель
гамбургер. . . . . .Hamburger Хáмбургер
бутерброд. . . . . .belegtes Brötchen белéгтес Брё̆тхен
бутерброд с лососем . . . . .Lachsbrot Лáксброт
бутерброд с сардинами . . . . . . .Sardinenbrot Зарди́ненброт
клаб-сэндвич . . . . .Club-Sandwich Клуб-Сéндвич
чизбургер . . . . .Cheeseburger Чи́збургер
хот-дог .Hot Dog Хот Дог
кебаб . . . . .Kebab Кебáб

В ресторане: суп

первое блюдо. . . . . .erster Gang э́рстер Ганг
мясной бульон . . . . .Fleischbrühe/Brühe Флáйшбрюе/Брю́е
суп-пюре . . . . .Cremesuppe Крéмезуппе
суп из брокколи . . . . .Brokkolisuppe Брóкколизуппе
грибной суп . . . . .Pilzsuppe Пи́льцзуппе
томатный суп . . . . .Tomatensuppe Томáтензуппе
луковый суп . . . . .Zwiebelsuppe Цви́бельзуппе
суп из тыквы. . . . . .Kürbissuppe Кю́рбисзуппе
фасолевый суп . . . . .Bohnensuppe Бóнензуппе
суп из бычьих хвостов . . . . .Ochsenschwanzsuppe Оксеншванцзуппе
похлебка из моллюсков . . . . . . .sämige Muschelsuppe зéмиге Му́шельзуппе
кукурузная похлебка . . . . .Maissuppe Мáйссуппе

Вы подаете вегетарианские блюда?
Kann man bei Ihnen vegetarisches Essen bekommen?
Канн ман бай Инен вегетáришес Эссен бекóммен?

Вы подаете блюда для диабетиков?
Kann man bei Ihnen Essen für Diabetiker bekommen?
Канн ман бай Инен Эссен фюр Диабéтикер бекóммен?

Это дорого?
Ist das teuer?
Ист дас тóйер?

Это не калорийно?
Ist das leicht?
Ист дас лайхт?

Это сытно?
Macht das satt?
Махт дас затт?

Я еще не готов сделать заказ.
Ich bin noch nicht bereit, eine Bestellung zu machen.
Ихь бин нох нихт берáйт, айне Бештéллунг цу мáхен.

Еще одну порцию овощей, пожалуйста.
Bitte noch eine Portion Gemüse.
Бúтте нох áйне Порциóн Гемю́зе.

Это вкусно?
Ist das lecker?
Ист дас лéккер?

Я возьму это.
Ich nehme das.
Ихь нéме дас.

Я возьму то же самое.
Ich nehme dasselbe.
Ихь нéме дассéльбе.

Я буду стейк с запеченной картошкой.
Ich nehme ein Steak mit Backkartoffeln.
Ихь не́ме айн Стейк мит Ба́ккартоффельн.

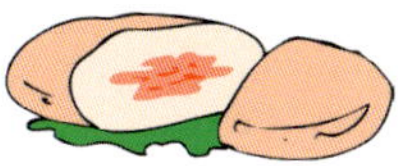

Среднепрожаренный, пожалуйста.
Medium, bitte.
Ме́диум, би́тте.

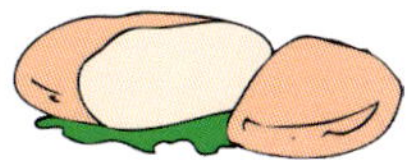

Хорошо прожаренный, пожалуйста.
Durch, bitte.
Дурх, би́тте.

Покажите мне карту вин, пожалуйста.
Bitte zeigen Sie mir die Weinkarte.
Би́тте ца́йген Зи мир ди Ва́йнкарте.

Какие вина у вас есть?
Welche Weinsorten haben Sie?
Ве́льхе Ва́йнзортен ха́бен Зи?

Бутылку белого вина, пожалуйста.
Ich hätte gerne eine Flasche Weißwein.
Ихь хе́тте ге́рне а́йне Фла́ше Ва́йсвайн.

Бутылку красного вина, пожалуйста.
Ich hätte gerne eine Flasche Rotwein.
Ихь хе́тте ге́рне а́йне Фла́ше Ро́твайн.

Сколько стоит целая бутылка?
Was kostet eine ganze Flasche?
Вас ко́стет а́йне га́нце Фла́ше?

Сколько стоит один бокал?
Was kostet ein Glas?
Вас ко́стет айн Глас?

В ресторане: основное блюдо

второе блюдо .... Hauptgericht Ха́уптгерихт
куриная грудка .... Hühnerbrust Хю́нербруст
грудка индейки .... Putenbrust Пу́тенбруст
грудина .... Bruststück Бру́стштюк
филей/бифштекс .... Filet Филе́
почки .... Nieren Ни́рен
филе .... Lende Ле́нде
ребра .... Rippen Ри́ппен
седло .... Rücken Рю́ккен
свиные ребрышки .... Rippchen Ри́пхен
вырезка .... Lendenstück Ле́нденштюк
язык .... Zunge Цу́нге
отбивная .... Kotelett Котле́тт
котлета .... Hacksteak Ха́кстейк
эскалоп .... Schnitzel Шни́тцель
бифштекс из вырезки ...... Mini-Filet Ми́ни-Филе́
филе-стейк .... Steak-Filet Стейк-Филе́
гуляш .... Gulasch Гула́ш
мясной рулет .... Fleischkäse Фла́йшкезе
тушеное мясо .... Schmorbraten Шмо́рбратен
рагу из говядины .... Fleicheintopf Фла́йшайнтопф
рагу из баранины .... Lammeintopf Ла́ммайнтопф
фрикасе из кролика .... Karnickeleintopf Ка́рниккелайнтопф
бефстроганов .... Bœuf Stroganoff Бёф Стро́ганофф
вареная говядина .... Kochfleisch Ко́хфлайш
ростбиф .... Rinderbraten Ри́ндербратен
жаркое из курицы .... Hühnerbraten Хю́нербратен
жаркое из утки .... Entenbraten Энтенбратен
жаркое из свинины .... Schweinebraten Шва́йнебратен
жаркое из индейки .... Truthahnbraten Тру́тханбратен

В ресторане: основное блюдо

жаркое из телятины	Kalbsbraten	Ка́льбсбратен
швейцарский стейк	Schweizer Steak	Шва́йцер Стейк
стейк на косточке	T-bone-Steak	Ти-бон-Стейк
стейк из свиных ребрышек	Rib-Eye-Steak	Риб-Ай-Стейк
стейк, жаренный в масле	Brat-Steak	Брат-Стейк
гарнир	Beilage/Garnierung	Ба́йлаге/Гарни́рунг
картофель фри	Pommes frites	Помм фритс
лапша	Nudeln	Ну́дельн
тушеный лук	Schmorlauch	Шмо́рлаух
пюре	Püree	Пюре́
рис	Reis	Райс
паста	Pasta	Па́ста
макароны	Makkaroni	Маккаро́ни
спагетти	Spaghetti	Шпаге́тти
лингвини	Linguini	Лингви́ни
вермишель	Fadennudeln	Фа́деннудельн
пицца	Pizza	Пи́цца
начинка	Belag	Бела́г
печеный	gebacken	геба́ккен
барбекю	gegrillt	гегри́лльт
вареный	gekocht	гeко́хт
тушеный	geschmort	гешмо́рт
панированный	gebraten	гебра́тен
охлажденный	abgekühlt	а́бгекюльт
приготовленный на заказ	auf Bestellung zubereitet	а́уф Ештéллунг цу́берайтет
во фритюре	frittiert	фритти́рт
свежий	frisch	фриш
домашний	selbst gemacht	зельбст гема́хт

Обслуживание - *Service*

Чашечку кофе.
Ich hätte gerne eine Tasse Kaffee.
Ихь хе́тте ге́рне а́йне Та́ссе Ка́ффе.

Грейпфрутовый сок.
Grapefruitsaft.
Гре́пфрутзафт.

Апельсиновый сок.
Orangensaft.
Ора́нжензафт.

Фруктовый сок.
Fruchtsaft.
Фру́хтзафт.

Томатный сок.
Tomatensaft.
Тома́тензафт.

Что у вас на десерт?
Was haben Sie zum Nachtisch?
Вас ха́бен Зи цум На́хтиш?

Можно мне стакан пива?
Kann ich ein Glas Bier haben?
Канн ихь айн Глас Бир ха́бен?

Принесите, пожалуйста, растительное масло.
Könnten Sie bitte etwas Öl bringen?
Кёнтен Зи би́тте э́твас Оель бри́нген?

Принесите, пожалуйста, перец.
Könnten Sie bitte etwas Pfeffer bringen?
Кёнтен Зи би́тте э́твас Пфе́ффер бри́нген?

Принесите, пожалуйста, соль.
Könnten Sie bitte etwas Salz bringen?
Кёнтен Зи би́тте э́твас Зальц бри́нген?

Принесите, пожалуйста, сахар.
Könnten Sie bitte etwas Zucker bringen?
Кёнтен Зи би́тте э́твас Цу́ккер бри́нген?

Можно мне чистую чашку?
Kann ich bitte eine saubere Tasse haben?
Канн ихь би́тте а́йне за́убере Та́ссе ха́бен?

Можно мне чистый стакан?
Kann ich bitte ein sauberes Glas haben?
Канн ихь би́тте айн за́уберес Глас ха́бен?

Зеленый салат с французским соусом.
Einen grünen Salat mit französischem Dressing.
Айнен грю́нен Зала́т мит францёзишем Дре́ссинг.

плавленый .... aufgetaut áуфгетаут
в виде пюре .... püriert пюри́рт
в виде фарша .... gehackt гехáкт
пашот .... pochiert поши́рт
запеченный .... geröstet герё́стет
копченый .... geräuchert герóйхерт
острый .... scharf/heiß шарф/хайс
фрикасе .... gedünstet гедю́нстет
фаршированный .... gefüllt гефю́лльт
сырой .... blutig блу́тиг
среднепрожаренный .... halb durch хальб дурх
хорошо прожаренный .... durch дурх

ДЕСЕРТ - *Dessert*

десерт .... Dessert Дессéрт
банановый сплит ..... Bananensplitter Банáненшплиттер
ваниль .... Vanille Вани́лле
фрукты .... Obstteller Обсттеллер
печенье .... Kekse Кéксе
торт .... Kuchen Кýхен
фруктовый пирог ..... Obst mit Teig überbacken Обст мит Тайг уебербáккен
флан (открытый пирог) Obstkuchen Обсткухен
пирожное .... süßes Blätterteiggebäck зю́сес Блéттертайггебек
круассан .... Croissant Круассáн
блин .... Pfannkuchen Пфáнкухен
открытый пирог ...... Obsttörtchen Обсттёртхен
яблочный пирог ...... Apfelkuchen Апфелькухен
чизкейк .... Käsekuchen Кéзекухен
пряник/коврижка ..... Lebkuchen Лéбкухен
клюквенный сироп .... Preiselbeersoße Прáйзельберзосе
кленовый сироп ...... Ahornsirup Ахорнзируп
джем/варенье .... Marmelade Мармелáде
пудинг .... Pudding Пýддинг

НАПИТКИ - *Getränke*

безалкогольный . . . . alkoholfrei алькохóльфрай
коктейль . . . . Cocktail Коктéйль
взболтанный. . . . . gerührt герю́рт
приготовленный в шейкере gemixt геми́кст
аперитив. . . . . Aperitif Аперити́ф
лонг-дринк . . . . Longdrink Лóнгдринк
глоток . . . . Schuss Шусс
белое вино . . . . Weißwein Вáйсвайн
игристое вино . . . . Schaumwein Шáумвайн
сладкое вино . . . . Süßwein Зю́свайн
сухое вино . . . . trockener Wein трóккенер Вайн
красное вино . . . . Rotwein Рóтвайн
розовое вино . . . . Roséwein Рóзевайн
бочковое пиво . . . . Fassbier Фáсбир
растворимый кофе. . . . . . . löslicher Kaffee лёслихер Кáффе
черный кофе (без молока). schwarzer Kaffee швáрцер Кáффе
каппучино. . . . . Cappuccino Каппучи́но
кофе без кофеина . . . . entkoffeinierter Kaffee энткоффеини́ртер Кáффе
горячий шоколад . . . . heiße Schokolade хáйсе Шоколáде
с корицей . . . . mit Zimt мит Цимт
со сливками . . . . mit Sahne мит Зáне
со льдом. . . . . mit Eis мит Айс
с лимоном . . . . mit Zitrone мит Цитрóне
с сахаром . . . . mit Zucker мит Цу́ккер

Еще немного, пожалуйста.
Ein bisschen mehr, bitte.
Айн би́схен мер, би́тте.

Спасибо, достаточно.
Das ist genug, danke.
Дас ист гену́г, да́нке.

Было очень вкусно.
Es war lecker.
Эс вар ле́ккер.

Можно мне получить это прямо сейчас?
Kann ich es sofort haben?
Канн ихь эс зофо́рт ха́бен?

Можно мне закурить?
Darf ich rauchen?
Дарф их ра́ухен?

Это не мой заказ.

Das ist nicht meine Bestellung.

Дас ист нихт майне Бештéллунг.

Это сыровато.

Das ist nicht genügend gekocht.

Дас ист нихт генюгенд гекóхт.

Очень холодное.

Es ist kalt.

Эс ист кальт.

Очень горячее.

Es ist heiß.

Эс ист хайс.

Очень жесткое.

Es ist zäh.

Эс ист це.

Очень пережаренное.

Es ist verkocht.

Эс ист феркóхт.

Это недостаточно чистое.
Das ist nicht sauber genug.
Дас ист нихт зáубер генýг.

Мой заказ еще не принесли.
Meine Bestellung ist noch nicht da.
Мáйне Бештéллунг ист нох нихт да.

Обслуживание (Полезные слова)

хлеб ....Brot Брот
масло ....Butter Бýттер
маргарин ....Margarine Маргарúне
соль ....Salz Зальц
сахар ....Zucker Цýккер
перец ....Pfeffer Пфéффер
салфетка ....Serviette Зервьéтте
столовые приборы ....Besteck Бештéк
нож ....Messer Мéссер
вилка ....Gabel Гáбель
ложка ....Löffel Лёффель
мед ....Honig Хóниг
майонез ....Mayonnaise Майоннéзе
кетчуп ....Ketchup Кéтчуп
немного ....ein bisschen айн бúсхен
еще ....mehr мер
еще один ....noch ein нох айн
маленький ....klein клайн
средний ....mittel мúттель
большой ....groß грос
меню ....Speisekarte Шпáйзекарте
один подход ....Nicht nachschenken Нихт нáхшенкен

Это не мой заказ.
Ich habe das nicht bestellt.
Ихь ха́бе дас нихт бешт́еллльт.

Я заплачу по счету.
Die Rechnung geht auf mich.
Ди Ре́хнунг гейт ауф михь.

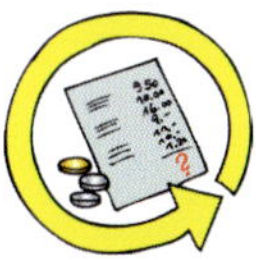

Сколько всего?
Was macht es insgesamt?
Вас махт эс и́нсгезамт?

Мы платим отдельно.
Wir zahlen getrennt.
Вир ца́лен гетре́нт.

Счет, пожалуйста.
Die Rechnung, bitte.
Ди Ре́хнунг, би́тте.

Я хотел бы расплатиться.
Ich möchte zahlen.
Ихь мёхте ца́лен.

Запишите это на мой счет, пожалуйста.
Bitte setzen Sie das mit auf meine Rechnung.
Би́тте зе́тцен Зи дас мит ауф ма́йне Ре́хнунг.

Мне кажется, в счете ошибка.
Ich glaube, der Gesamtbetrag stimmt nicht ganz.
Ихь гла́убе, дер Геза́мтбетраг штимт нихт ганц.

Оплата - *Bezahlen*

Я оплачу счет.
Ich werde die Rechnung bezahlen.
Ихь ве́рде ди Ре́хнунг беца́лен.

Сдачи не надо.
Stimmt so, danke.
Штимт зо, да́нке.

Позвольте мне заплатить мою долю.
Lassen Sie mich meinen Anteil bezahlen.
Ла́ссен Зи михь ма́йнен Антайль беца́лен.

В баре - *An der Bar*

Выпьете со мной? Я плачу.
Darf ich Sie einladen?
Дарф ихь Зи а́йнладен?

Выпьем за Вас!
Jetzt wollen wir auf Sie trinken!
Ецт во́ллен вир а́уф Зи три́нкен!

Ваше здоровье!
Prost!
Прост!

ЕДА/НАПИТКИ
SPEISEN UND GETRÄNKE

134	Фрукты/Овощи	Obst/Gemüse	134
139	Морепродукты	Meeresfrüchte	139
141	Специи	Gewürze	141
144	Мясо	Fleisch	144
146	Бакалея	Lebensmittelgeschäft	146
150	Безалкогольные напитки	Alkoholfreie Getränke	150
152	Алкоголь	Alkohol	152

фрукты
Früchte
Фрю́хте

яблоки
Äpfel
Эпфель

бананы
Bananen
Бана́нен

виноград
Weintrauben
Ва́йнтраубен

грейпфрут
Grapefruit
Гре́пфрут

лайм
Limone
Лимо́не

апельсины
Orangen
Ора́нжен

киви
Kiwi
Ки́ви

лимоны
Zitronen
Цитро́нен

манго
Mangos
Ма́нгос

персики
Pfirsiche
Пфи́рзихе

дыни
Melonen
Мело́нен

абрикосы
Aprikosen
Априко́зен

черника
Blaubeeren
Бла́уберен

клюква
Preiselbeeren
Пра́йзельберен

сливы
Pflaumen
Пфла́умен

груши
Birnen
Би́рнен

мандарины
Mandarinen
Мандари́нен

вишня
Kirschen
Ки́ршен

малина
Himbeeren
Хи́мберен

арбузы
Wassermelonen
Ва́ссермелонен

клубника
Erdbeeren
Эрдберен

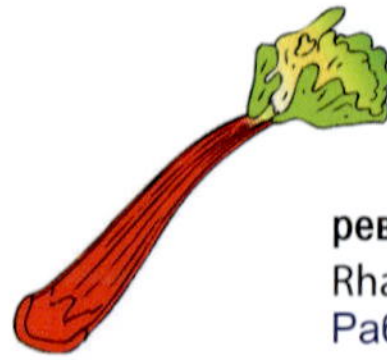

ревень
Rhabarber
Раба́рбер

изюм
Rosinen
Рози́нен

инжир
Feigen
Фа́йген

овощи
Gemüse
Гемю́зе

фасоль
Bohnen
Бо́нен

красная фасоль
rote Bohnen
ро́те Бо́нен

зеленая фасоль
grüne Bohnen
грю́не Бо́нен

горошек
Erbsen
Эрбзен

цуккини
Zucchini
Цуки́ни

капуста
Kohl
Коль

морковь
Möhren
Мёрен

цветная капуста
Blumenkohl
Блу́менколь

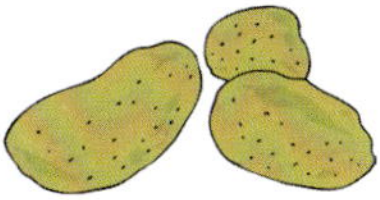

картофель
Kartoffel
Карто́ффель

тыква
Kürbis
Кю́рбис

сквош (вид тыквы)
(große) Zucchini
(гро́се) Цуки́ни

баклажан
Aubergine
Обержи́не

авокадо
Avocado
Авока́до

редис
Radieschen
Ради́схен

помидоры
Tomaten
Тома́тен

огурцы
Gurken
Гу́ркен

кукуруза
Mais
Майс

соленья/маринады
eingelegtes Gemüse
а́йнгелегтес Гемю́зе

каперсы
Kapern
Ка́перн

грибы
Pilze
Пи́льце

шпинат
Spinat
Шпи́нат

оливки
Oliven
Оли́вен

артишоки
Artischocken
Артишо́ккен

листовая капуста
Grünkohl
Грю́нколь

брюссельская капуста
Rosenkohl
Ро́зенколь

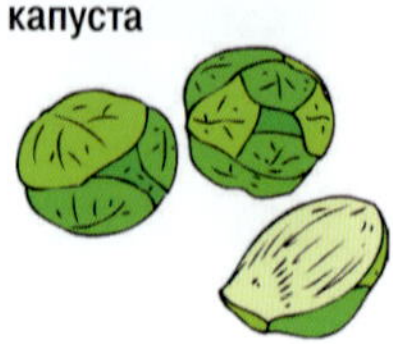

лук
Zwiebeln
Цви́бельн

салат-латук
Kopfsalat
Ко́пфзалат

спаржа
Spargel
Шпа́ргель

брокколи
Brokkoli
Бро́кколи

сельдерей
Stangensellerie
Шта́нгензеллери

морское ушко
Seeohr
Зе́ор

моллюски
Venusmuscheln
Ве́нусмушельн

омар
Hummer
Ху́ммер

краб
Krabbe
Кра́ббе

лангуст
Flusskrebs
Флу́скребс

осьминог
Tintenfisch
Ти́нтенфиш

устрица
Auster
Аустер

креветки
Schrimps/Garnelen
Шримпс/Гарне́лен

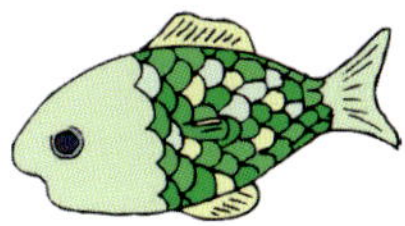

рыба
Fisch
Фиш

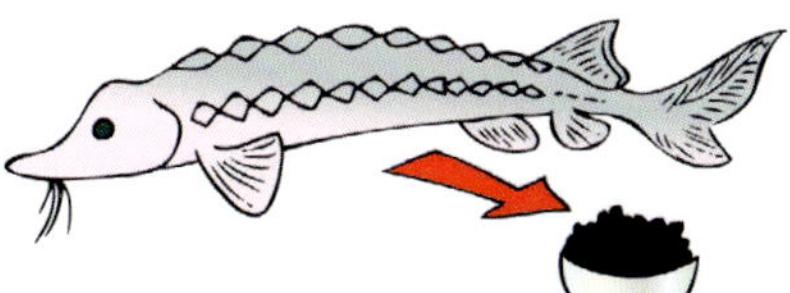

икра
Kaviar
Ка́виар

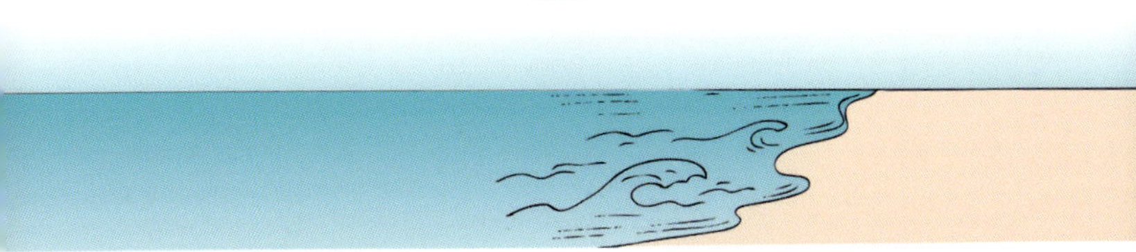

Морепродукты - *Meeresfrüchte*

треска
Kabeljau
Ка́бельяу

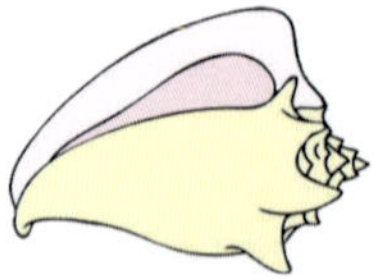

раковина
Trompetenschnecke
Тромпе́теншнекке

сельдь
Hering
Хе́ринг

скумбрия
Makrele
Макре́ле

окунь
Flussbarsch
Флу́сбарш

щука
Hecht
Хехт

люциан
Schnappfisch
Шна́пфиш

лосось
Lachs
Лакс

корюшка
Stinte
Шти́нте

рыба-меч
Schwertfisch
Шве́ртфиш

форель
Forelle
Форе́лле

тунец
Thunfisch
Ту́нфиш

анис
Anis
Ани́с

базилик
Basilikum
Бази́ликум

тмин
Kümmel/Kreuzkümmel
Кю́ммель/Кро́йцкюммель

кардамон
Kardamom
Кардамо́м

кайенский перец
Cayennepfeffer
Кайе́ннепфеффер

ромашка
Kamille
Ками́лле

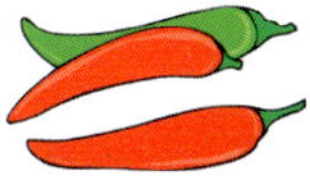

чили
Chili
Чи́ли

гвоздика
Gewürznelken
Гевю́рцнелькен

корица
Zimt
Цимт

кориандр
Koriander
Кориа́ндер

Специи
Gewürze
Гевю́рце

карри
Curry
Ка́рри

укроп
Dill
Дилль

фенхель
Fenchel
Фе́нхель

чеснок
Knoblauch
Кно́блаух

имбирь
Ingwer
И́нгвер

гинкго
Ginkgo
Ги́нкго

хрен
Meerrettich
Ме́рреттих

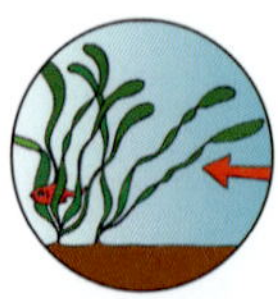

бурая водоросль
Seetang
Зе́тан

майоран
Majoran
Майора́н

орегано
Oregano
Орега́но

мускат
Muskatnuss
Муска́тнусс

паприка
Paprika
Па́прика

петрушка
Petersilie
Петерзи́ли

перец
Pfeffer
Пфе́ффер

мята (перечная)
Pfefferminz
Пфе́фферминц

мак
Mohnsamen
Мо́нзамен

шафран
Safran
За́фран

шалфей
Salbei
За́льбай

кунжут
Sesam
Зеза́м

мята (курчавая)
Grüne Minze
Грю́не Ми́нце

тимьян
Thymian
Тю́миан

куркума
Kurkuma
Ку́ркума

Мясо - *Fleisch*

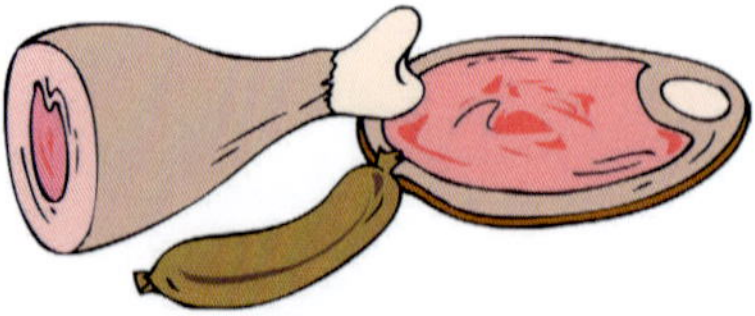

Мясо
Fleisch
Флайш

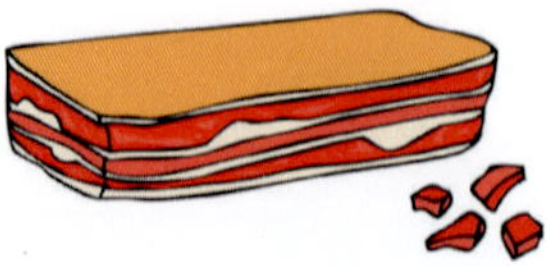

бекон
Speck
Шпек

говядина
Rindfleisch
Ри́ндфлайш

курица
Huhn
Хун

утка
Ente
Энте

баранина
Lamm
Ламм

птица
Geflügel
Гефлю́гель

кролик
Kaninchen
Кани́нхен

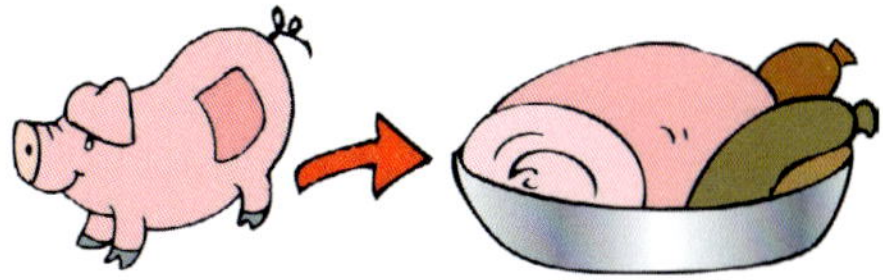

свинина
Schweinefleisch
Шва́йнефлайш

индейка
Truthahn
Тру́тхан

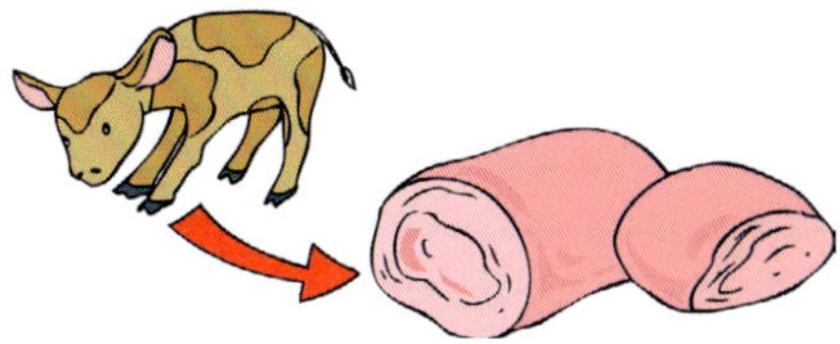

телятина
Kalbfleisch
Ка́льбфлайш

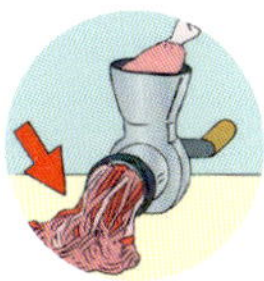

фарш
Hackfleisch
Ха́кфлайш

оленина
Rehfleisch
Ре́флайш

шницель
Schnitzel
Шни́тцель

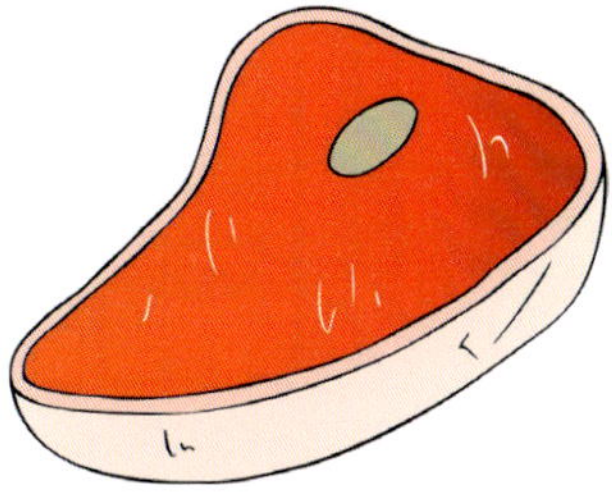

стейк
Steak
Стейк

хлеб
Brot
Брот

ржаной хлеб
Roggenbrot
Ро́ггенброт

хлеб из грубой ржаной муки
Pumpernickel
Пу́мперниккель

хлеб из овса
Haferbrot
Ха́ферброт

белый хлеб
Weißbrot
Ва́йсброт

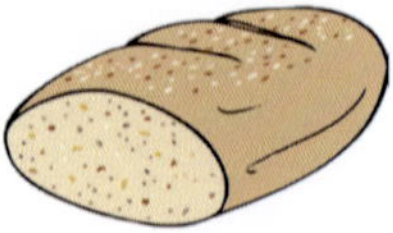

цельнозерновой хлеб
Vollkornbrot
Фо́ллькорнброт

булочка
Brötchen/Semmel
Брётхен/Зе́ммель

сдобная булочка
süße Semmel
зю́се Зе́ммель

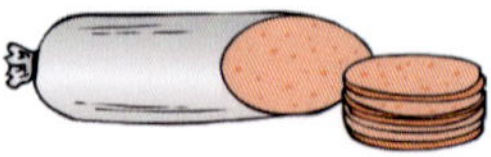

колбаса
Wurst
Вурст

ветчина
Schinken
Ши́нкен

сыр
Käse
Ке́зе

бри
Brie
Бри

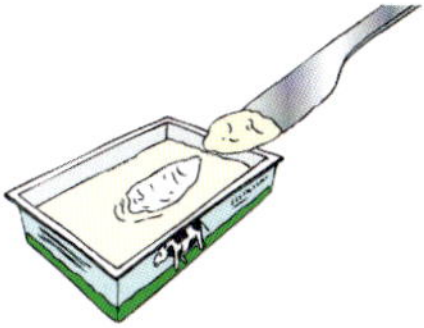

сливочный сыр
Frischkäse
Фри́шкезе

молоко
Milch
Мильх

йогурт
Joghurt
Йо́гурт

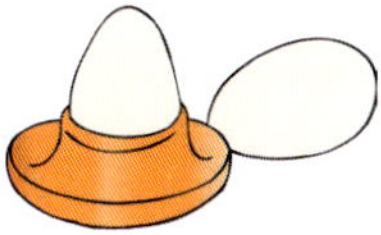

яйца
Eier
Айер

голубой сыр
Blauschimmelkäse
Бла́ушиммелькезе

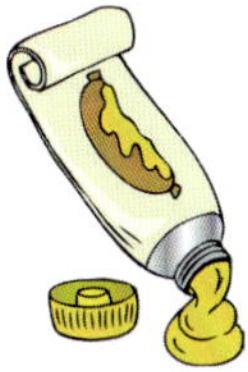

горчица
Senf
Зенф

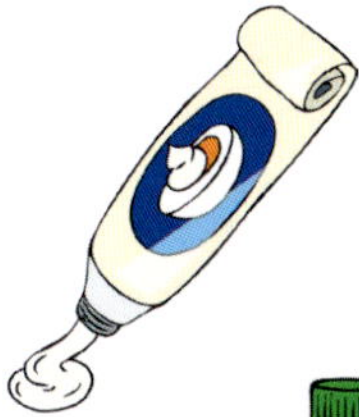

майонез
Mayonnaise
Майонне́зе

соус/заправка для салата
Dressing
Дре́ссинг

кетчуп
Ketchup
Ке́тчуп

Бакалея - *Lebensmittelgeschäft*

оливковое масло
Olivenöl
Оли́венёль

табаско
Tabasco
Таба́ско

соевый соус
Sojasoße
Зо́язосе

уксус
Essig
Эссиг

орешки
Nüsse
Ню́ссе

фундук
Haselnuss
Ха́зельнусс

орехи пекан
Pecannüsse
Пе́каннюссе

бразильский орех
Paranuss
Па́ранусс

кокос
Kokosnuss
Коко́снусс

каштаны
Kastanien
Каста́ниен

фисташки
Pistazien
Писта́циен

арахис
Erdnüsse
Эрднюссе

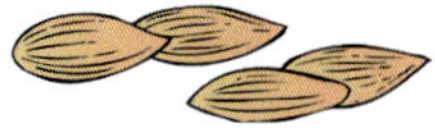

миндаль
Mandeln
Ма́ндельн

грецкие орехи
Walnüsse
Ва́льнюссе

хлопья
Getreide
Гетра́йде

сливки
Sahne
За́не

конфета
Bonbon
Бонбо́н

заварной крем
Vanillesoße
Вани́ллезосе

шоколад
Schokolade
Шокола́де

мороженое
Eis
Айс

Безалкогольные напитки - *Alkoholfreie Getränke*

напитки
Getränke
Гетрéнке

чай
Tee
Те

зеленый чай
grüner Tee
грю́нер Те

жасминовый чай
Jasmintee
Жасми́нте

травяной чай
Kräutertee
Крóйтерте

чай со льдом
Eistee
Айсте

сок
Saft
Зафт

апельсиновый сок
Orangensaft
Ора́нжензафт

коробка сока
Saftschachtel
За́фтшахтель

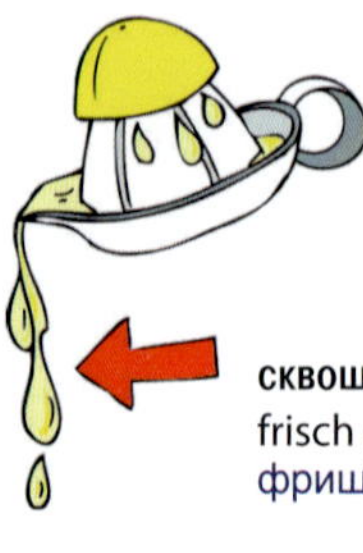

сквош
frisch gepresster Saft
фриш гепрéстер Зафт

Безалкогольные напитки - *Alkoholfreie Getränke*

лимонад
Limonade
Лимона́де

молочный коктейль
Milchshake
Ми́льхшейк

обезжиренное молоко
Magermilch
Ма́гермильх

минеральная вода
Mineralwasser
Минера́львассер

тоник
Tonic
То́ник

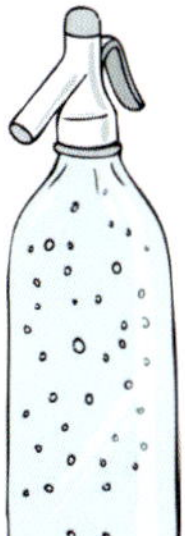

содовая
Soda(wasser)
Зо́да(ва́ссер)

кофе
Kaffee
Ка́ффе

какао
Kakao
Кака́о

Алкоголь - *Alkohol*

Алкоголь
Alkohol
Алькохо́ль

вино
Wein
Вайн

шампанское
Champagner
Шампа́нье

портер
Porter
По́ртер

пшеничное пиво
Weizenbier
Ва́йценбир

пиво
Bier
Бир

местное пиво
einheimisches Bier
а́йнхаймишес Бир

вермут
Wermut
Ве́рмут

сухой вермут
trockener Wermut
тро́ккенер Ве́рмут

ликер
Likör
Ликёр

ПОКУПКИ
EINKAUFEN

154	Информация	Information	154
158	Обслуживание	Service	158
160	Одежда	Kleidung	160
163	Аксессуары	Accessoires	163
164	Обувь	Schuhe	164
165	Электротовары	Elektronische Artikel	165
168	Сувениры	Souvenirladen	168
170	Книги	Bücher	170
171	Табачные/Алкогольные изделия	Tabak/Alkohol	171
172	Ювелирные изделия/Часы	Schmuck/Uhren	172
175	В супермаркете	Im Supermarkt	175
177	Оплата	Bezahlung	177

Где здесь торговый центр?
Wo ist das Einkaufsviertel?
Во ист дас Айнкауфсфиртель?

Где ближайший антикварный магазин?
Wo ist das nächste Antiquitätengeschäft?
Во ист дас не́ксте Антиквите́тенгешефт?

Где ближайший магазин сувениров?
Wo ist die nächste Geschenkeboutique?
Во ист ди не́ксте Геше́нкебутик?

Где ближайший винный магазин?
Wo ist das nächste Spirituosengeschäft?
Во ист дас не́ксте Шпириту́озенгешефт?

Где ближайший музыкальный магазин?
Wo ist der nächste Musikladen?
Во ист дер не́ксте Музи́кладен?

Где ближайший магазин одежды?
Wo ist das nächste Bekleidungsgeschäft?
Во ист дас не́ксте Бекла́йдунгсгешефт?

Где ближайший обувной магазин?
Wo ist das nächste Schuhgeschäft?
Во ист дас не́ксте Шу́гешефт?

Где ближайший книжный магазин?
Wo ist der nächste Buchladen?
Во ист дер не́ксте Бу́хладен?

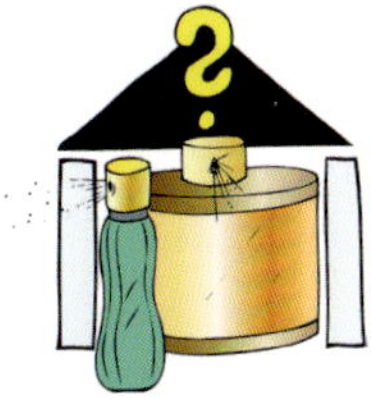

Где ближайшая аптека?
Wo ist die nächste Drogerie?
Во ист ди не́ксте Дрогери́?

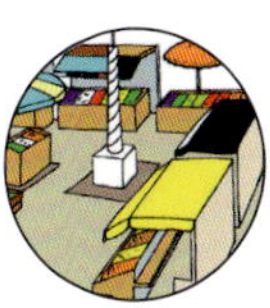

Где ближайший рынок?
Wo ist der nächste Markt?
Во ист дер не́ксте Маркт?

Когда вы открываетесь?
Wann öffnen Sie?
Ванн ое́фнен Зи?

На каком этаже продовольственный отдел?
In welchem Stock ist die Lebensmittelabteilung?
Ин ве́льхем Шток ист ди Ле́бенсмиттелабтайлунг?

Когда вы закрываетесь?
Wann schließen Sie?
Ванн шли́сен Зи?

До скольки вы открыты в выходные?
Wie lange haben Sie an Wochenenden geöffnet?
Ви ла́нге ха́бен Зи ан Вохененден гее́фнет?

Какими товарами славится этот город?
Welche typischen Erzeugnisse kann man in dieser Stadt kaufen?
Ве́льхе тю́пишен Эрцо́йгниссе канн ман ин ди́зер Штадт ка́уфен?

Информация (Полезные слова)

антикварный магазин........Antiquitätenladen Антиквите́тенладен

книжный магазин............Buchladen Бу́хладен

аптека.....................Drogerie Дрогери́

газетный киоск..............Zeitungskiosk Ца́йтунгскиоск

магазин одежды..............Bekleidungsgeschäft Бекла́йдунгсгешефт

универмаг...................Kaufhaus Ка́уфхаус

обувной магазин.............Schuhgeschäft Шу́гешефт

спортивный магазин .... Sportwarengeschäft Шпóртваренгешефт
магазин игрушек .... Spielwarenladen Шпи́льваренладен
магазин здоровой пищи ..... Reformhaus Рефóрмхаус
ювелирный магазин .... Schmuckgeschäft Шму́кгешефт
рынок .... Markt Маркт
мини-маркет .... Minimarkt Ми́нимаркт
супермаркет .... Supermarkt Зу́пермаркт
гипермаркет .... Großmarkt Грóсмаркт
торговый центр .... Einkaufszentrum А́йнкауфсцентрум
женская одежда .... Damenbekleidung Дáменбеклайдунг
мужская одежда .... Herrenbekleidung Хéрренбеклайдунг
детская одежда .... Kinderbekleidung Ки́ндербеклайдунг
женское нижнее белье .... Damenunterwäsche Дáменунтервеше
трикотаж .... Trikotage Трикотáже
трикотаж .... Strickwaren Штри́кварен
ночная одежда .... Schlafanzüge Шлáфанцюге
часы работы .... Öffnungszeiten Оéфнунгсцайтен
закрыто .... geschlossen гешлóссен
Открыто весь день .... Ganztags geöffnet Гáнцтагс геёфнет
Перерыв на обед .... über Mittag geschlossen уéбер Ми́ттаг гешлóссен
распродажа в связи с закрытием Räumungsverkauf Рóймунгсферкауф
тотальная распродажа .... Totalausverkauf Тотáлаусферкауф
Администратор .... Kundendienst Ку́ндендинст
Касса .... Kasse Кáссе
Платить здесь .... Hier bezahlen Хир бецáлен
подарок .... Geschenk Гешéнк
распродажа .... Ausverkauf А́усферкауф

Мне нужно ...
Ich möchte ...
Ихь мёхте ...

Я хотел бы ...
Ich würde gerne ...
Ихь вю́рде ге́рне ...

Покажите, пожалуйста ...
Bitte zeigen Sie mir ...
Би́тте ца́йген Зи мир ...

Я ищу ...
Ich suche nach ...
Ихь зу́хе нах ...

У вас есть такой же?
Haben Sie etwas von dieser Art?
Ха́бен Зи э́твас фон ди́зер Арт?

Покажите мне другой, пожалуйста.
Bitte zeigen Sie mir ein anderes.
Би́тте ца́йген Зи мир айн а́ндерес.

Вы можете снять с меня мерку?
Können Sie meine Größe herausfinden?
Кённен Зи ма́йне Грёсе хера́усфинден?

Отложите для меня вот эти вещи, пожалуйста.
Bitte legen Sie das für mich zurück.
Би́тте ле́ген Зи дас фюр михь цурю́к.

Можно попросить подарочную упаковку?
Könnte ich einen Geschenkkarton haben, bitte?
Кёнте ихь а́йнен Гаше́нкартон ха́бен, би́тте?

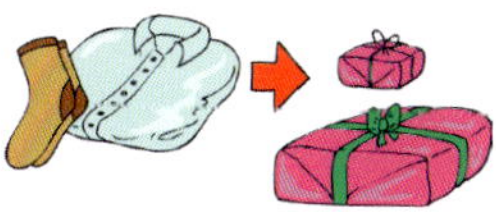

Заверните каждый отдельно, пожалуйста.
Wickeln Sie sie bitte einzeln ein.
Ви́ккельн Зи зи би́тте а́йнцельн айн.

Пожалуйста, заверните это в подарочную упаковку.
Können Sie das bitte ins Geschenkpapier einwickeln?
Кённен Зи дас би́тте инс Геше́нкпапир а́йнвиккельн?

Отошлите это, пожалуйста, в гостиницу с чеком.
Schicken Sie das bitte mit einer Quittung zum Hotel.
Ши́ккен Зи дас би́тте мит а́йнер Кви́ттунг цум Хоте́ль.

Не могли бы Вы отправить это сегодня?
Könnten Sie das bitte heute schicken?
Кёнтен Зи дас би́тте хо́йте ши́ккен?

Можно это забрать?
Kann ich es mitnehmen?
Канн ихь эс ми́тнемен?

Где это можно купить?
Wo kann ich es kaufen?
Во канн их эс ка́уфен?

Мне нужен деловой костюм.
Ich brauche einen Geschäftsanzug.
Ихь бра́ухе а́йнен Геше́фтзанцуг.

Мне нужен фрак.
Ich brauche einen Abendanzug.
Ихь бра́ухе а́йнен А́бенданцуг.

Я хотел бы примерить вот это.
Ich möchte es anprobieren.
Ихь мёхте эс а́нпробирен.

Где примерочная?
Wo ist die Umkleidekabine?
Во ист ди У́мклайдекабине?

Это мне не совсем подходит.
Es passt mir nicht gut.
Эс паст мир нихт гут.

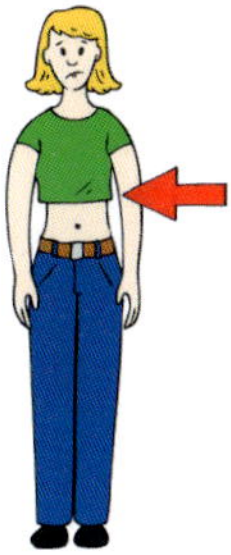

Слишком короткое.
Es ist zu kurz.
Эс ист цу курц.

Слишком длинное.
Es ist zu lang.
Эс ист цу ланг.

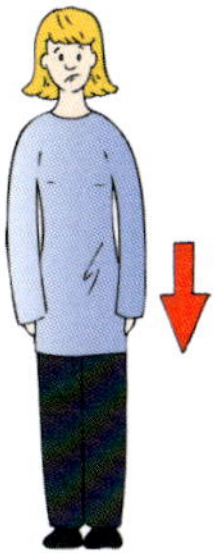

Слишком свободное.
Es ist zu weit.
Эс ист цу вайт.

Слишком узкое.
Es ist zu eng.
Эс ист цу энг.

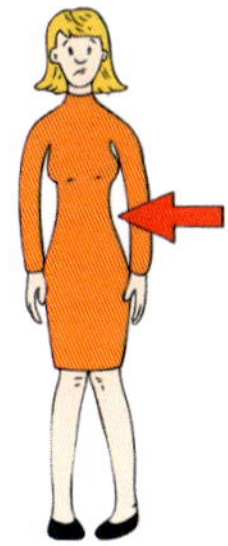

Одежда (Полезные слова)

на заказ . . . . maßgeschneidert ма́сгешнайдерт
блузка . . . . Bluse Блу́зе
рубашка . . . . Hemd Хемд
футболка . . . . T-Shirt Ти-Шёт
пиджак/куртка . . . . Jackett/Jacke Жаке́тт/Якке
джинсы . . . . Jeans Джинс
брюки . . . . Hose Хо́зе
юбка . . . . Rock Рок
жилет . . . . Weste Ве́сте
бикини . . . . Bikini Бики́ни
трусы . . . . Unterhose У́нтерхозе
нижнее белье . . . . Unterwäsche У́нтервеше
трусы . . . . Slip Слип
семейные трусы . . . . Boxershorts Бо́ксершортс
носки . . . . Socken Зо́ккен
плавки . . . . Badehose Ба́дехозе
купальник . . . . Badeanzug Ба́деанцуг
бюстгальтер . . . . BH БеХа
шапка . . . . Mütze Мю́тце

Одежда - *Kleidung*

плащ . . . . Regenmantel Ре́генмантель
пальто . . . . Mantel Ма́нтель
пуловер . . . . Pullover Пулло́вер
ткань . . . . Stoff Штофф
хлопок . . . . Baumwolle Ба́умволле
шелк . . . . Seide За́йде
акрил . . . . Acryl Акри́ль
полиэстер . . . . Polyester Полиэ́стер
шерсть . . . . Wolle Во́лле
лен . . . . Leinen Ла́йнен
полиамид . . . . Polyamid Полиами́д
нейлон . . . . Nylon На́йлон
лайкра . . . . Lycra Ла́йкра
спандекс . . . . Elasthan Эласта́н
ручной работы . . . . handgefertigt ха́ндгефертигт
большой (48-50) . . . . Large (L) Ладж (Л)
маленький (42-44) . . . . Small (S) Смолл (С)
средний (44-48) . . . . Medium (M) Медиум (М)
очень большой (50-52) . . . . . . Extra Large (XL) Экстра Ладж (ИксЭль)
длинный рукав . . . . lange Ärmel ла́нге Эрмель
короткий рукав . . . . kurze Ärmel ку́рце Эрмель

Аксессуары - *Accessoires*

Не могли бы Вы показать мне, какие у вас есть шелковые галстуки?
Könnten Sie mir einige Seidenkrawatten zeigen?
Кёнтен Зи мир а́йниге За́йденкраваттен ца́йген?

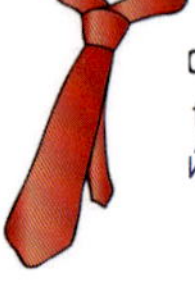

окажите мне однотонный галстук, пожалуйста.
tte zeigen Sie mir eine einfarbige Krawatte.
и́тте ца́йген Зи мир а́йне а́йнфарбиге Крава́тте.

Мне нужен набор дорожных сумок.
Ich würde mir gerne ein praktisches Gepäckset anschauen.
Ихь вю́рде мир ге́рне айн пра́ктишес Гепе́ккзет а́ншауэн.

Мне нужны солнцезащитные очки.
Ich hätte gerne eine Sonnenbrille.
Ихь хе́тте ге́рне айне Зо́нненбрилле.

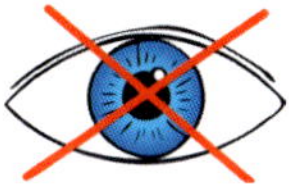

Эти очки для меня слишком слабые.
Diese Brille ist mir zu schwach.
Ди́зе Бри́лле ист мир цу швах.

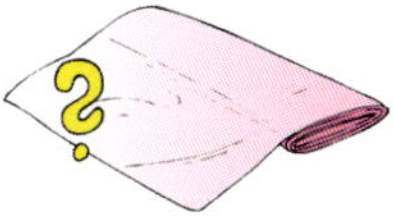

Из чего это сделано?
Aus welchem Stoff ist das gemacht?
А́ус ве́льхем Штофф ист дас гема́хт?

Аксессуары (Полезные слова)

натуральная кожа............echtes Leder э́хтес Ле́дер
кожзаменитель.............Kunstleder Ку́нстледер
жесткая кожа..............Hartleder Ха́ртледер
ремень/пояс...............Gürtel Гю́ртель
галстук...................Krawatte Крава́тте
очки......................Brille Бри́лле
перчатки..................Handschuhe Ха́ндшуе
сумка.....................Tasche Та́ше
рюкзак....................Rucksack Ру́ккзак
сумочка...................Handtasche Ха́ндташе
шарф......................Schal Шаль
зонт......................Regenschirm Ре́генширм
портмоне, бумажник.........Portemonnaie По́ртмоне

Обувь - *Schuhe*

Покажите мне, пожалуйста, мужские ботинки.
Ich würde mir gerne ein Paar Herrenschuhe anschauen.
Ихь вю́рде мир ге́рне айн Пар Хе́рреншуе а́ншауэн.

Покажите мне, пожалуйста, женские ботинки.
Ich würde mir gerne ein Paar Damenschuhe anschauen.
Ихь вю́рде мир ге́рне айн Пар Да́меншуе а́ншауэн.

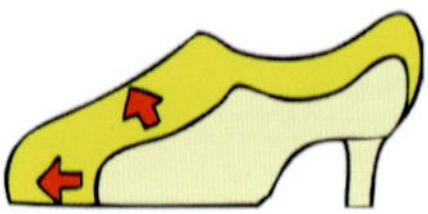

У вас есть размер побольше?
Haben Sie welche in einer größeren Nummer?
Ха́бен Зи ве́льхе ин а́йнер грёсерен Ну́ммер?

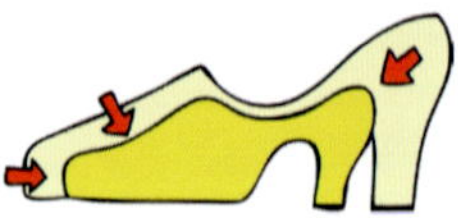

У вас есть размер поменьше?
Haben Sie welche in einer kleineren Nummer?
Ха́бен Зи ве́льхе ин а́йнер кла́йнерен Ну́ммер?

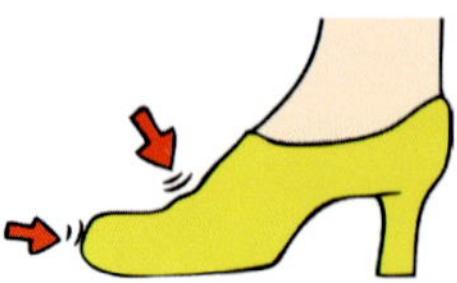

Они мне жмут.
Sie drücken.
Зи дрю́ккен.

Обувь (Полезные слова)

кроссовки.................. Freizeitschuhe Фра́йцайтшуе
тапки...................... Pantoffeln Панто́ффельн
сандалии .... Sandalen Занда́лен
каблуки.................... Absätze Абзетце
без каблука................ flach флах

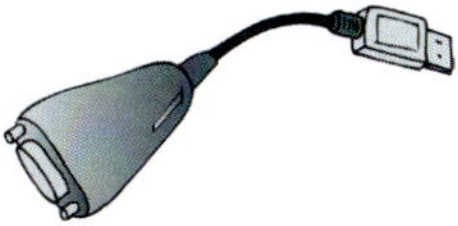

Я хочу купить адаптер.
Ich möchte einen Adapter kaufen.
Ихь мёхте а́йнен Ада́птер ка́уфен.

Я хочу купить аккумулятор.
Ich möchte eine Batterie kaufen.
Ихь мёхте а́йне Баттери́ ка́уфен.

У Вас есть батарейки для фонарика?
Haben Sie Blitzlicht-Batterien?
Ха́бен Зи Бли́цлихт-Баттери́н?

У Вас есть батарейки для слухового аппарата?
Haben Sie Hörgeräte-Batterien?
Ха́бен Зи Хёргерете-Баттери́н?

Мне нужна пара 75-ваттных лампочек.
Ich brauche ein paar Glühbirnen mit 75 Watt.
Ихь бра́ухе айн пар Глюбирнен мит 75 Ватт.

Покажите, пожалуйста, как этим пользоваться.
Zeigen Sie mir bitte, wie man damit umgeht.
Ца́йген Зи мир би́тте, ви ман дами́т у́мгейт.

Я хочу получить фотографии. Вот квитанция.
Ich möchte meine Fotos abholen. Hier ist meine Quittung.
Ихь мёхте ма́йне Фо́тос а́бхолен. Хир ист ма́йне Кви́ттунг.

На это есть гарантия?
Gibt es eine Garantie?
Гибт эс а́йне Гаранти́?

К этому есть инструкция?
Liegt eine Anleitung bei?
Лигт а́йне Анлайтунг бай?

Я ищу одноразовую камеру.
Ich suche nach einer Einwegkamera.
Ихь зу́хе нах а́йнер Айнвегкамера.

Дайте мне, пожалуйста, батарейку.
Ich hätte gerne eine Batterie.
Ихь хе́тте ге́рне а́йне Баттери́.

Когда фотографии будут готовы?
Wann werden die Fotos fertig sein?
Ванн вéрден ди Фóтос фéртиг зайн?

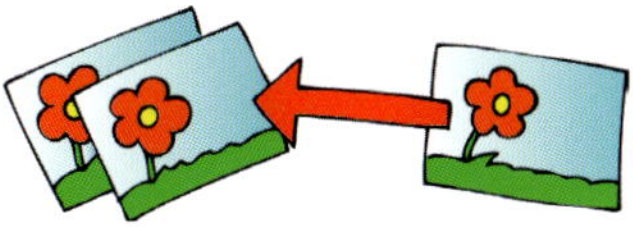

Мне нужно по две фотографии с каждого кадра.
Ich möchte zwei Abzüge von jedem Foto haben.
Ихь мӗхте цвай Абцюге фон йéдем Фóто хáбен.

Электротовары (Полезные слова)

карточка памяти . . . . .Speicherkarte Шпáйхеркарте
пленка .Film Фильм
глянцевая печать . . . . .Hochglanzdruck Хóхглянцдрук
матовая печать. . . . . .Mattglanzdruck Мáтгланцдрук
адаптер. . . . . .Adapter Адáптер
батарейка/аккумулятор . . . . . . .Batterie Баттерú
электробритва . . . . .Elektrorasierer Элéктроразирер
фен. . . . . .Haartrockner Хáртрокнер
флэш-карта . . . . .Flash-Karte Флэш-Кáрте
SD карта . . . . .SD-Karte СД-Кáрте
смарт-медиа карта. . . . . .Smart Media Karte Смарт Мéдиа Кáрте
компакт-диск . . . . .Compact Disc (CD) Компáкт Диск (СиДи)
компьютер . . . . .Computer Компью́тер
мышь . . . . .Maus Мáус
мобильный телефон. . . . . .Handy Хéнди
цифровой . . . . .digital дигитáль

Я хотел бы купить сувенир на память об этом городе.
Ich hätte gerne ein Souvenir von dieser Stadt.
Ихь хе́тте ге́рне айн Зувени́р фон ди́зер Штадт.

У вас есть фотографии с видами этой местности?
Haben Sie Ansichtsfotos von dieser Gegend?
Ха́бен Зи Анзихтсфотос фон ди́зер Ге́генд?

У вас есть футболки с видом города?
Haben Sie ein T-Shirt mit Ansichten dieser Stadt?
Ха́бен Зи айн Ти-Шёт мит Анзихтен ди́зер Штадт?

Я ищу картины известных голландских художников.
Ich suche nach Bildern von bekannten holländischen Künstlern.
Ихь зу́хе нах Би́льдерн фон бека́нтен холле́ндишен Кю́нстлерн.

Я интересуюсь европейским искусством.
Ich interessiere mich für europäische Kunst.
Ихь интересси́ре михь фюр ойропэ́йше Кунст.

Я интересуюсь восточным искусством.
Ich interessiere mich für orientalische Kunst.
Ихь интересси́ре михь фюр ориента́лише Кунст.

Букет красных роз, пожалуйста.
Einen Strauß roter Rosen, bitte.
Айнен Штрáус рóтер Рóзен, би́тте.

Бутылку вина, пожалуйста.
Eine Flasche Wein, bitte.
Айне Флáше Вайн, би́тте.

Две плитки черного шоколада, пожалуйста.
Ich hätte gerne zwei Tafeln schwarze Schokolade.
Ихь хéтте гéрне цвай Тáфельн швáрце Шоколáде.

Как долго они могут храниться?
Wie lange sind sie haltbar?
Ви лáнге зинд зи хáльтбар?

Книги - *Bücher*

Можно просто посмотреть?
Darf ich mich umschauen?
Дарф ихь михь у́мшауэн?

Я хотел бы купить путеводитель.
Ich würde gerne einen Reiseführer kaufen.
Ихь вю́рде ге́рне а́йнен Ра́йзефюрер ка́уфен.

Я хотел бы купить карманный словарь.
Ich würde gerne ein Taschenwörterbuch kaufen.
Ихь вю́рде ге́рне айн Та́шенвёртербух ка́уфен.

Я хотел бы купить карту города.
Ich würde gerne einen Stadtplan kaufen.
Ихь вю́рде ге́рне а́йнен Шта́дтплан ка́уфен.

Я ищу ручку.
Ich hätte gerne einen Kugelschreiber.
Ихь хе́тте ге́рне а́йнен Ку́гельшрайбер.

Я ищу конверт.
Ich hätte gerne einen Briefumschlag.
Ихь хе́тте ге́рне а́йнен Бри́фумшлаг.

Пачку сигарет, пожалуйста.
Ich möchte bitte eine Schachtel Zigaretten haben.
Ихь мёхте би́тте а́йне Ша́хтель Цигаре́ттен ха́бен.

Зажигалку, пожалуйста.
Ich möchte bitte ein Feuerzeug haben.
Ихь мёхте би́тте айн Фо́йерцойг ха́бен.

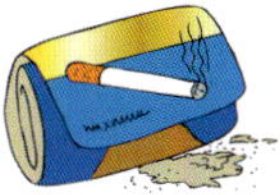

Табак, пожалуйста.
Ich möchte bitte etwas Tabak haben.
Ихь мёхте би́тте э́твас Таба́к ха́бен.

Вы продаете табак для трубок?
Haben Sie Pfeifentabak?
Ха́бен Зи Пфа́йфентабак?

Вы продаете трубки?
Haben Sie Pfeifen?
Ха́бен Зи Пфа́йфен?

Вы продаете сигары?
Haben Sie Zigarren?
Ха́бен Зи Цига́ррен?

Сколько табачных изделий можно пронести через таможню?
Wie viel Tabak kann ich durch den Zoll bringen?
Ви филь Таба́к канн ихь дурх ден Цолль бри́нген?

Сколько алкоголя можно пронести через таможню?
Wie viel Alkohol kann ich durch den Zoll bringen?
Ви филь Алькохо́ль канн ихь дурх ден Цолль бри́нген?

Сколько парфюмерных изделий можно пронести через таможн
Wie viel Parfüm kann ich durch den Zoll bringen?
Ви филь Парфю́м канн ихь дурх ден Цолль бри́нген?

Порекомендуйте мне хорошее вино, пожалуйста.
Können Sie mir einen guten Wein empfehlen?
Кённен Зи мир а́йнен гу́тен Вайн эмпфе́лен?

Я ищу какое-нибудь небольшое украшение.
Ich suche nach einem kleinen Schmuckstück.
Ихь зу́хе нах а́йнем кла́йнен Шму́кштюк.

Я хочу кольцо.
Ich hätte gerne einen Ring.
Ихь хе́тте ге́рне а́йнен Ринг.

Я хочу серьги.
Ich hätte gerne Ohrringe.
Ихь хе́тте ге́рне Орринге.

Я хочу брошь.
Ich hätte gerne eine Brosche.
Ихь хе́тте ге́рне а́йне Бро́ше.

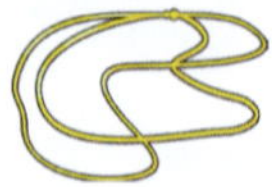

Я хочу цепочку.
Ich hätte gerne eine Kette.
Ихь хе́тте ге́рне а́йне Ке́тте.

Я хочу браслет.
Ich hätte gerne ein Armband.
Ихь хе́тте ге́рне айн Армбанд.

Я хочу ожерелье.
Ich hätte gerne eine Halskette.
Ихь хе́тте ге́рне а́йне Ха́льскетте.

Я хочу кулон.
Ich hätte gerne einen Anhänger.
Ихь хе́тте ге́рне а́йнен Анхенгер.

Я хочу наручные часы.
Ich hätte gerne eine Armbanduhr.
Ихь хе́тте ге́рне а́йне Армбандур.

Я хочу часы.
Ich hätte gerne eine Uhr.
Ихь хе́тте ге́рне а́йне Ур.

Я хочу взглянуть на золотое кольцо.
Ich möchte mir einen goldenen Ring anschauen.
Ихь мё̆хте мир а́йнен го́льденен Ринг а́ншауэн.

Я хотел бы посмотреть обручальное кольцо.
Ich möchte mir einen Trauring anschauen.
Ихь мё̆хте мир а́йнен Тра́уринг а́ншауэн.

У вас есть золотые серьги?
Haben Sie goldene Ohrringe?
Ха́бен Зи го́льдене Орринге?

Это золото?
Ist das Gold?
Ист дас Гольд?

Это ручная работа?
Ist das Handarbeit?
Ист дас Ха́ндарбайт?

На это есть сертификат?
Gibt es dafür ein Zertifikat?
Гибт эс дафю́р айн Цертифика́т?

Поменяйте мне, пожалуйста, батарейку в часах.
Könnten Sie bitte die Batterie in meiner Uhr wechseln?
Кёнтен Зи би́тте ди Баттери́ ин ма́йнер Ур ве́ксельн?

Заводная головка сломана.
Das Aufziehrädchen ist kaputt.
Дас А́уфциредхен ист капу́тт.

Ювелирные изделия/Часы (Полезные слова)

бриллиант. . . . . .Diamant Диама́нт
жемчуг .Perle Пе́рле
платина. . . . . .Platin Пла́тин
хрустальная посуда . . . . .Kristallgeschirr Криста́лльгеширр
аквамарин . . . . .Aquamarin Аквамари́н
изумруд . . . . .Smaragd Смара́гд
рубин . . . . .Rubin Руби́н
серебро . . . . .Silber Зи́льбер
золото. .Gold Гольд
драгоценный камень . . . . .Edelstein Эдельштайн
полудрагоценные камни . . . . . .Halbedelsteine Ха́льбедельштайне
бижутерия . . . . .Bijouterie Бижутери́

Где у вас консервы?
Wo kann ich Konserven finden?
Во канн ихь Конзе́рвен фи́нден?

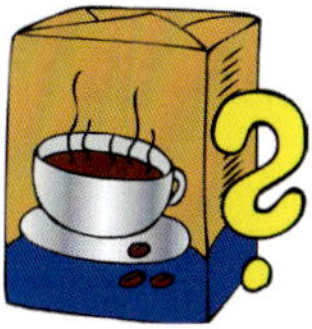

Где у вас кофе?
Wo kann ich Kaffee finden?
Во канн ихь Ка́ффе фи́нден?

Где у вас чай?
Wo kann ich Tee finden?
Во канн ихь Тее́ фи́нден?

Где у вас предметы гигиены?
Wo kann ich Toilettenartikel finden?
Во канн ихь Тойле́ттенартикель фи́нден?

Несколько ломтиков ветчины, пожалуйста.
Geben Sie mir bitte ein paar Scheiben Schinken.
Ге́бен Зи мир би́тте айн пар Ша́йбен Ши́нкен.

Это нужно готовить?
Muss das gekocht werden?
Мусс дас геко́хт ве́рден?

Побольше.
Etwas mehr.
Этвас мер.

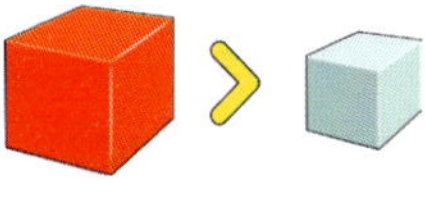

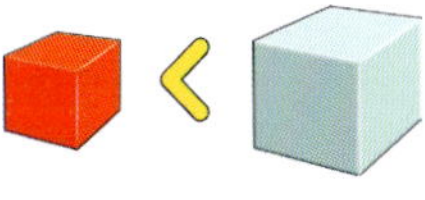

Поменьше.
Etwas weniger.
Этвас ве́нигер.

В супермаркете - *Im Supermarkt*

Спасибо, достаточно.
Das ist alles, danke.
Дас ист а́ллес, да́нке.

Можно пакет?
Kann ich bitte eine Tüte haben?
Канн ихь би́тте а́йне Тю́те ха́бен?

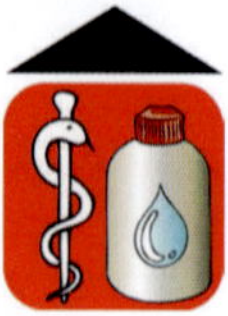

Здесь есть аптека?
Gibt es hier eine Apotheke?
Гибт эс хир а́йне Апоте́ке?

В супермаркете (Полезные слова)

Только наличные. . . . . Nur Bargeld Нур Ба́ргельд
Хозяйственные товары . . . . . Haushaltswaren Хау́схальтсварен
Деликатесы . . . . Feinkostgeschäft Фа́йнкостгешефт
Булочная. . . . . Bäckerei Бе́ккерай
Хранить в холодильнике. . . . . Nicht auftauen Нихт а́уфтауэн
Срок реализации ... . Zu verkaufen bis ... Цу ферка́уфен бис ...
для микроволновой печи . . . . mikrowellengeeignet ми́кровелленгеайгнет
унция (триста граммов) . . . . . Unze У́нце
фунт (четыреста граммов). . . Pfund Пфунд
дюжина. . . . . Dutzend Ду́тценд
килограмм . . . . Kilo Ки́ло
грамм . . . . Gramm Грамм
литр . . . . Liter Ли́тер
талон, купон . . . . Kupon Купо́н
скидка . . . . Rabatt Раба́тт
квитанция/чек . . . . Beleg Беле́г

Где я могу заплатить?
Wo bezahle ich?
Во беца́ле ихь?

Вы принимаете кредитные карточки?
Nehmen Sie Kreditkarten an?
Не́мен Зи Креди́ткартен ан?

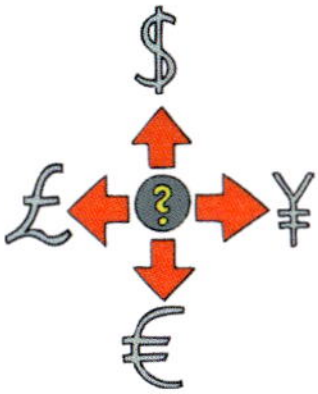

Вы принимаете иностранную валюту?
Nehmen Sie ausländische Währung an?
Не́мен Зи а́услендише Ве́рунг ан?

Вы принимаете дорожные чеки?
Nehmen Sie Reiseschecks an?
Не́мен Зи Ра́йзечекс ан?

Это больше, чем я могу заплатить.
Das ist mehr als ich bezahlen kann.
Дас ист мер альс их беца́лен канн.

Можно купить это без налога?
Kann ich es zollfrei kaufen?
Канн ихь эс цолльфрай кауфен?

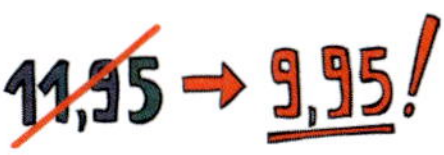

Вы можете дать мне лучшую цену?
Können Sie mir einen besseren Preis anbieten?
Кённен Зи мир а́йнен бе́ссерен Прайс а́нбитен?

Вы можете дать мне скидку за оплату наличными?
Können Sie mir einen Barzahlungsrabatt gewähren?
Кённен Зи мир а́йнен Ба́рцалунгсрабатт гeве́рен?

Оплата - *Bezahlung*

Вы можете дать мне товарный чек?
Können Sie mir einen Beleg geben?
Кё́ннен Зи мир а́йнен Белéг гéбен?

Проверьте еще раз.
Prüfen Sie es noch einmal nach, bitte?
Прю́фен Зи эс нох а́йнмаль нах, би́тте?

В этом счете нет ошибки?
Ist da nicht ein Fehler in der Rechnung?
Ист да нихт айн Фе́лер ин дер Ре́хнунг?

Я уже заплатил!
Ich habe schon bezahlt!
Ихь ха́бе шон беца́льт!

Я хотел бы это вернуть.
Ich möchte das zurückgeben.
Ихь мё́хте дас цурю́кгебен.

Вот мой чек.
Hier ist mein Zahlungsbeleg.
Хир ист майн Ца́лунгсбелег.

Это сломано.
Das ist kaputt.
Дас ист капу́тт.

РЕМОНТ/ПРАЧЕЧНАЯ
REPARATUREN / WÄSCHEREI

180 Прачечная/Химчистка — Wäscherei/Chemische Reinigung 180
182 Ремонт — Reparaturen 182

Прачечная/Химчистка - *Wäscherei/Chemische Reinigung*

Где ближайшая прачечная?
Wo ist die nächste Wäscherei?
Во ист ди не́ксте Ве́шерай?

Где ближайшая химчистка?
Wo ist die nächste chemische Reinigung?
Во ист ди не́ксте хе́мише Ра́йнигунг?

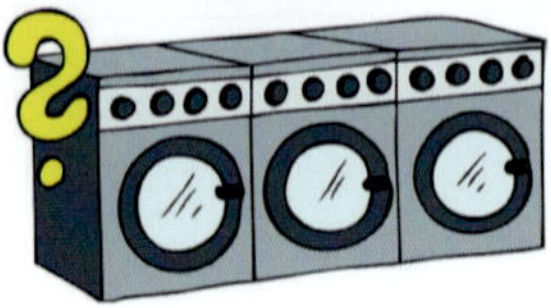

Где ближайшая прачечная самообслуживания?
Wo ist der nächste Waschsalon?
Во ист дер не́ксте Ва́шзалон?

Сколько это будет стоить?
Was wird es kosten?
Вас вирд эс ко́стен?

Когда можно забрать вещи?
Wann kann ich meine Sachen zurückhaben?
Ванн канн ихь ма́йне За́хен цурю́кхабен?

Это не мои вещи.
Das sind nicht meine Sachen.
Дас зинд нихт ма́йне За́хен.

Мне нужно выстирать вот это.
Ich möchte das waschen lassen.
Ихь мёхте дас ва́шен ла́ссен.

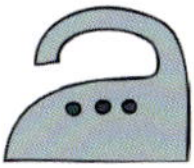

Мне нужно выгладить вот это.
Ich möchte das bügeln lassen.
Ихь мёхте дас бю́гельн ла́ссен.

Мне нужно вычистить вот это.
Ich möchte das chemisch reinigen lassen.
Ихь мёхте дас хе́миш ра́йниген ла́ссен.

Не гладить.
Nicht bügeln.
Ни́хт бю́гельн.

Не отбеливать.
Nicht bleichen.
Нихт бла́йхен.

Только сухая чистка
Nur trocken reinigen
Нур тро́ккен ра́йниген

Не подвергать химчистке.
Nicht chemisch reinigen.
Нихт хе́миш ра́йниген.

Стирать вручную
Nur Handwäsche
Нур Ха́ндвеше

Прачечная/Химчистка (Полезные слова)

стирать . . . . waschen ва́шен
сушить . . . . trocknen тро́кнен
стиральная машина . . . . Waschmaschine Ва́шмашине
сушилка . . . . Trockner Тро́кнер
кондиционер для белья . . . . . . Weichspüler Ва́йхшпюлер
отбеливатель . . . . Bleichmittel Бла́йхмиттель
(жидкое) моющее средство . . . (Flüssig-)Waschmittel (Флю́ссиг-)Ва́шмиттель
монетки . . . . Münzen Мю́нцен
белое белье . . . . weiße Wäsche ва́йсе Ве́ше
цветное белье . . . . farbige Wäsche фа́рбиге Ве́ше
светлое белье. . . . . helle Wäsche хе́лле Ве́ше
темное белье . . . . dunkle Wäsche ду́нкле Ве́ше
ткани для деликатной стирки. . Feinwäsche Фа́йнвеше
Стирать отдельно. . . . . Getrennt waschen. Гетре́нт ва́шен.
Стирать, вывернув наизнанку.. . Auf links waschen. А́уф линкс ва́шен.

Ремонт - *Reparaturen*

Вы можете это починить?
Können Sie das reparieren?
Кённен Зи дас репари́рен?

Стоит это чинить?
Lohnt es, das zu reparieren?
Лонт эс, дас цу репари́рен?

Сделайте только необходимый ремонт.
Machen Sie nur das Nötigste.
Ма́хен Зи нур дас Нётигсте.

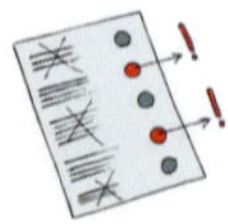

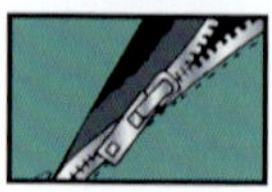

Не могли бы вы починить молнию?
Können Sie den Reißverschluss reparieren?
Кённен Зи ден Ра́йсфершлусс репари́рен?

У вас есть к этому батарейки?
Haben Sie eine Batterie hierfür?
Хабе́н Зи а́йне Баттери́ хи́рфюр?

Сколько времени займет ремонт?
Wie lang wird die Reparatur dauern?
Ви ланг вирд ди Репарату́р да́уэрн?

Это плохо работает.
Es funktioniert nicht richtig.
Эс функциони́рт нихт ри́хтиг.

Как это работает?
Wie funktioniert das?
Ви функциони́рт дас?

СПОРТ/ДОСУГ
SPORT/FREIZEIT

184 Кемпинг — Camping 184
187 На пляже — Am Strand 187

Здесь поблизости есть кемпинг?
Gibt es in der Nähe einen Campingplatz?
Гибт эс ин дер Не́е а́йнен Кэ́мпингплац?

Здесь можно разбить палаточный лагерь?
Können wir hier draußen zelten?
Кё́ннен вир хир дра́усен це́льтен?

Сколько с одного прицепа?
Was kostet es pro Wohnwagen?
Вас ко́стет эс про Во́нваген?

Сколько с одной машины?
Was kostet es pro Auto?
Вас ко́стет эс про А́уто?

Сколько стоит день?
Was kostet ein Tag?
Вас ко́стет айн Таг?

У вас есть место для палатки?
Haben Sie Platz für ein Zelt?
Ха́бен Зи Плац фюр айн Цельт?

Сколько с одной палатки?
Was kostet es pro Zelt?
Вас ко́стет эс про Цельт?

Где можно взять питьевую воду?
Wo kann ich Trinkwasser bekommen?
Во канн ихь Три́нквассер беко́ммен?

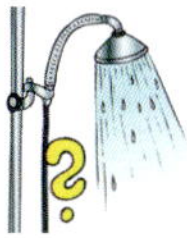

На стоянке есть душевые?
Gibt es Duschen auf dem Campingplatz?
Ги́бт эс Ду́шен а́уф дем Кэ́мпингплац?

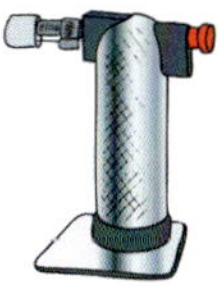

Где можно взять газовый баллон?
Wo kann ich Butangas bekommen?
Во канн ихь Бута́нгас беко́ммен?

На стоянке есть мусорные баки?
Gibt es Mülltonnen auf dem Campingplatz?
Гибт эс Мю́лльтоннен а́уф дем Кэ́мпингплац?

На стоянке есть электрические розетки?
Gibt es Elektro-Steckdosen auf dem Campingplatz?
Гибт эс Элéктро-Штéкдозен а́уф дем Кэ́мпингплац?

Город далеко отсюда?
Ist die Stadt weit weg von hier?
Ист ди Штадт вайт вег фон хир?

Можно мне карту пешеходных маршрутов в этом районе?
Ich brauche eine Karte mit den Wanderwegen dieser Gegend.
Ихь бра́ухе а́йне Ка́рте мит ден Ва́ндервеген ди́зер Ге́генд.

Здесь слишком много народу.
Hier ist es zu voll.
Хир ист эс цу фолль.

Почва слишком твердая.
Der Boden ist zu hart.
Дер Бóден ист цу харт.

Почва слишком неровная.
Der Boden ist zu uneben.
Дер Бóден ист цу ýнебен.

Здесь можно охотиться?
Ist das Jagen erlaubt hier?
Ист дас Яген эрлáубт хир?

Здесь можно ловить рыбу?
Ist das Fischen erlaubt hier?
Ист дас Фи́шен эрлáубт хир?

Кемпинг (Полезные слова)

спички .... Streichhölzer Штрáйххёльцер
уголь .... Holzkohle Хóльцколе
бутан .... Butangas Бутáнгас
распорка для палатки .... Zeltstange Цéльтштанге
молоток .... Hammer Хáммер
колышки .... Zeltpflöcke Цéльтпфлёкке
керосиновая плита .... Kerosinkocher Керози́нкохер
спальный мешок .... Schlafsack Шлáфзак
брезент .... Unterlegplane Унтерлегплане
пенка .... Isomatte Изоматте
костер .... Lagerfeuer Лáгерфойер
площадка для кемпинга .... Zeltplatz Цéльтплац
Питьевая вода .... Trinkwasser Три́нквассер

Как отсюда попасть на пляж?
Wie komme ich von hier zum Strand?
Ви ко́мме их фон хир цум Штранд?

Пляж галечный или песчаный?
Ist der Strand steinig oder sandig?
Ист дер Штранд шта́йниг Одер за́ндиг?

Здесь не опасно плавать?
Ist es nicht gefährlich, hier zu schwimmen?
Ист эс нихт гефе́рлих, хир цу шви́ммен?

Здесь где-нибудь есть открытый бассейн?
Gibt es ein Freibad in der Nähe?
Гибт эс айн Фра́йбад ин дер Не́е?

Здесь есть фитнес-центр?
Haben Sie hier ein Fitnesszentrum?
Ха́бен Зи хир айн Фи́тнесцентрум?

Где ближайший аквапарк?
Wo ist der nächste Aquapark?
Во ист дер не́ксте Аквапарк?

Там можно покататься на водных лыжах?
Kann ich dort Wasserski fahren?
Канн ихь дорт Ва́сcерши фа́рен?

Там можно заняться серфингом?
Kann ich dort surfen?
Канн ихь дорт зу́рфен?

Там можно заняться дайвингом?
Kann ich dort tauchen?
Канн ихь дорт та́ухен?

Там можно заняться скайглайдингом?
Kann ich dort Segelfliegen gehen?
Канн ихь дорт Зе́гельфлиген ге́ен?

Где ближайший пункт проката?
Wo ist das nächste Mietbüro?
Во ист дас не́ксте Ми́тбюро?

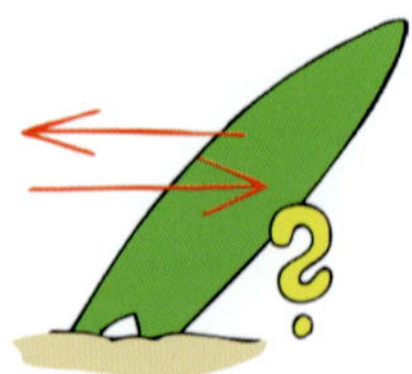

Где можно взять напрокат доску для серфинга?
Wo kann ich ein Surfbrett mieten?
Во канн ихь айн Зу́рфбретт ми́тен?

Сколько стоит аренда доски для серфинга?
Was kostet es, ein Surfbrett zu mieten?
Вас ко́стет эс, айн Зу́рфбретт цу ми́тен?

ужно ли оставлять залог?
st es nötig, eine Kaution zu hinterlegen?
ст эс нётиг, а́йне Кауцио́н цу хи́нтерлеген?

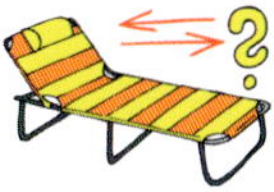

Где можно взять напрокат лежак?
Wo kann ich eine Sonnenbank mieten?
Во канн ихь а́йне Зо́нненбанк ми́тен?

Где можно взять напрокат зонтик?
Wo kann ich einen Schirm mieten?
Во канн ихь а́йнен Ширм ми́тен?

Где можно взять напрокат моторную лодку?
Wo kann ich ein Motorboot mieten?
Во канн ихь айн Мото́рбот ми́тен?

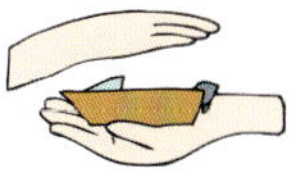

Лодка застрахована от несчастных случаев?
Ist das Boot gegen Notfälle versichert?
Ист дас Бот ге́ген Но́тфелле ферзи́херт?

Когда я должен вернуть яхту?
Wann muss ich das Boot zurückbringen?
Ванн мусс ихь дас Бот цурю́кбринген?

Здесь есть рифы или сильные течения?
Gibt es hier Riffe oder starke Strömungen?
Гибт эс хир Ри́ффе Одер шта́рке Штрё́мунген?

Где ближайший дайвинг-центр?
Wo ist das nächste Diving-Zentrum?
Во ист дас не́ксте Да́йвинг-Це́нтрум?

Где мне найти инструктора?
Wo kann ich einen Trainer finden?
Во канн ихь а́йнен Тре́йнер фи́нден?

На сколько мне хватит кислорода?
Wie lange hält die Sauerstoffflasche?
Ви ла́нге хельт ди За́уэрштоффлаше?

Можно взять напрокат гидрокостюм и снаряжение?
Kann ich einen Taucheranzug und Tauchausrüstung mieten?
Канн ихь а́йнен Та́ухеранцуг унд Та́ухаусрюстунг ми́тен?

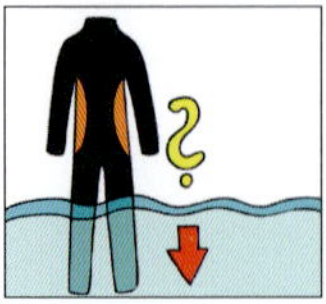

На какую глубину можно спускаться в этом костюме?
Wie tief kann ich mit diesem Taucheranzug tauchen?
Ви тиф канн ихь мит ди́зем Та́ухеранцуг та́ухен?

Какая здесь глубина?
Wie tief ist es hier?
Ви тиф ист эс хир?

Здесь есть подводные течения?
Gibt es hier Unterwasserströmungen?
Гибт эс хир У́нтервассерштрёмунген?

ЗДОРОВЬЕ/АПТЕКА
GESUNDHEIT/APOTHEKE

192	Симптомы	Symptome	192
202	Визит к врачу	Arztbesuch	202
205	Стоматолог	Zahnarzt	205
208	Несчастные случаи/Первая помощь	Unfälle/Erste Hilfe	208
211	Аптека	Apotheke	211

Симптомы - *Symptome*

У меня болит грудь.
Ich habe Schmerzen in der Brust.
Ихь хáбе Шмéрцен ин дер Бруст.

У меня болит бок.
Ich habe Schmerzen in der Seite.
Ихь хáбе Шмéрцен ин дер Зáйте.

Мне плохо.
Ich fühle mich nicht wohl.
Ихь фю́ле михь нихт воль.

У меня жар.
Ich habe Fieber.
Ихь хáбе Фи́бер.

У меня болит горло.
Ich habe Halsschmerzen.
Ихь хáбе Хáльсшмерцен.

У меня болит спина.
Ich habe Rückenschmerzen.
Ихь хáбе Рю́ккеншмерцен.

У меня болит рука.
Ich habe Schmerzen in meinem Arm.
Ихь хáбе Шмéрцен ин мáйнем Арм.

У меня озноб.
Ich habe Schüttelfrost.
Ихь ха́бе Шю́ттельфрост.

У меня болит голова.
Ich habe Kopfschmerzen.
Ихь ха́бе Ко́пфшмерцен.

Я чувствую слабость.
Ich fühle mich schwach.
Ихь фю́ле михь швах.

У меня болит желудок.
Ich habe Bauchschmerzen.
Ихь ха́бе Ба́ухшхмерцен.

У меня расстройство желудка.
Ich habe eine Magenverstimmung.
Ихь ха́бе а́йне Ма́генферштиммунг.

У меня кружится голова.
Mir ist schwindlig.
Мир ист шви́ндлиг.

Меня тошнит.
Mir ist schlecht.
Мир ист шлехт.

У меня болит зуб.
Ich habe Zahnschmerzen.
Ихь ха́бе Ца́ншмерцен.

Я чувствую себя немного лучше.
Ich fühle mich etwas besser.
Ихь фю́ле михь э́твас бе́ссер.

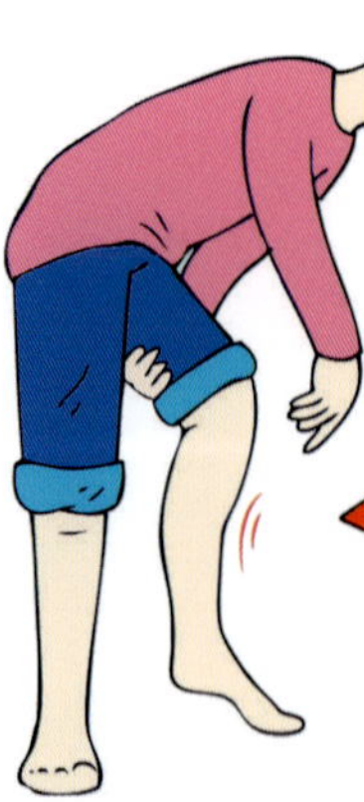

У меня перелом.
Ich habe einen Bruch.
Ихь ха́бе а́йнен Брух.

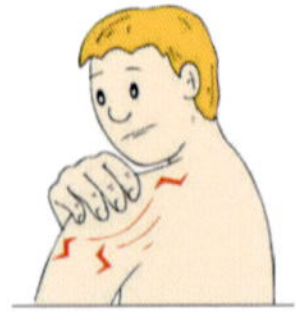

У меня растяжение.
Ich habe eine Zerrung.
Ихь ха́бе а́йне Це́ррунг.

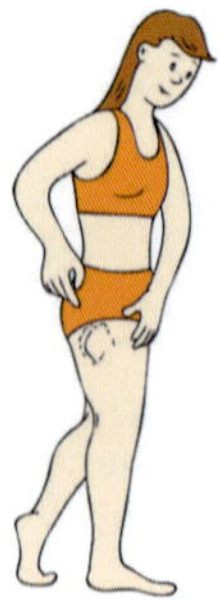

У меня ушиб.
Ich habe eine Prellung.
Ихь ха́бе а́йне Пре́ллунг.

У меня рана.
Ich habe eine Wunde.
Ихь ха́бе а́йне Ву́нде.

У меня шишка.
Ich habe eine Beule.
Ихь ха́бе а́йне Бо́йле.

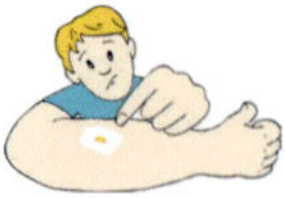

У меня нарыв.
Ich habe ein Furunkel.
Ихь ха́бе айн Фуру́нкель.

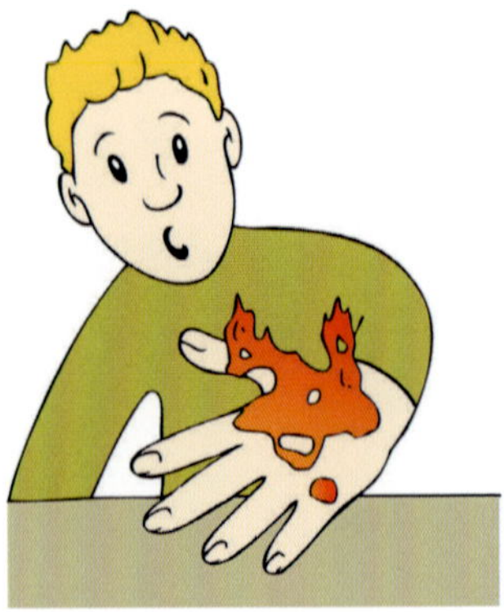

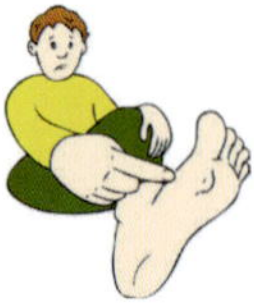

У меня волдырь.
Ich habe eine Blase.
Ихь ха́бе а́йне Бла́зе.

У меня ожог.
Ich habe eine Verbrennung.
Ихь ха́бе а́йне Фербре́ннунг.

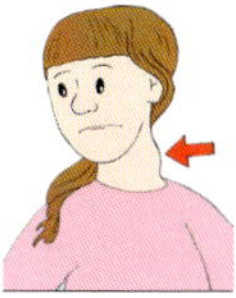

У меня опухоль.
Ich habe eine Schwellung.
Ихь ха́бе а́йне Шве́ллунг.

У меня порез.
Ich habe eine Schnittwunde.
Ихь ха́бе а́йне Шни́твунде.

У меня царапина.
Ich habe einen Kratzer.
Ихь ха́бе а́йнен Кра́тцер.

У меня астма.
Ich habe Asthma.
Ихь ха́бе Астма.

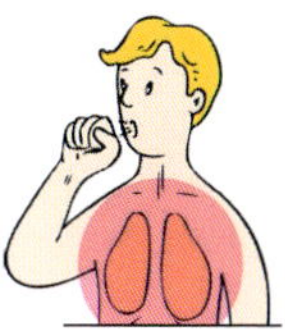

У меня пневмония.
Ich habe eine Lungenentzündung.
Ихь ха́бе айне Лу́нгененцюндунг.

У меня часто болит голова.
Ich kriege oft Kopfschmerzen.
Ихь кри́ге офт Ко́пфшмерцен.

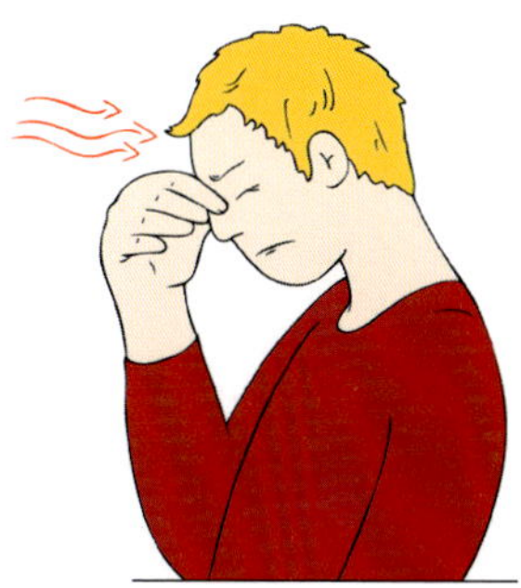

У меня грипп.
Ich habe Grippe.
Ихь ха́бе Гри́ппе.

У меня бронхит.
Ich habe eine Bronchitis.
Ихь ха́бе а́йне Бронхи́тис.

Симптомы - *Symptome*

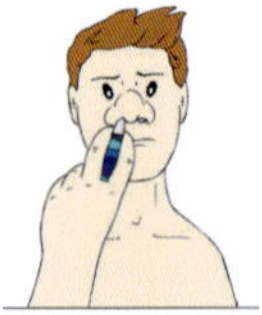

У меня насморк.
Ich habe Schnupfe
Ихь хабе Шну́пф

У меня заложен нос.
Ich habe eine verstopfte Nase.
Ихь ха́бе а́йне ферштóпфте На́зе.

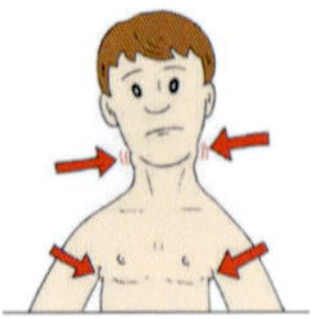

У меня увеличились лимфатические узлы.
Meine Lymphknoten sind geschwollen.
Ма́йне Ли́мфкнотен зинд гешвóллен.

У меня диарея.
Ich habe Durchfall.
Ихь ха́бе Ду́рхфалль.

У меня запор.
Ich habe Verstopfung.
Ихь ха́бе Ферштóпфунг.

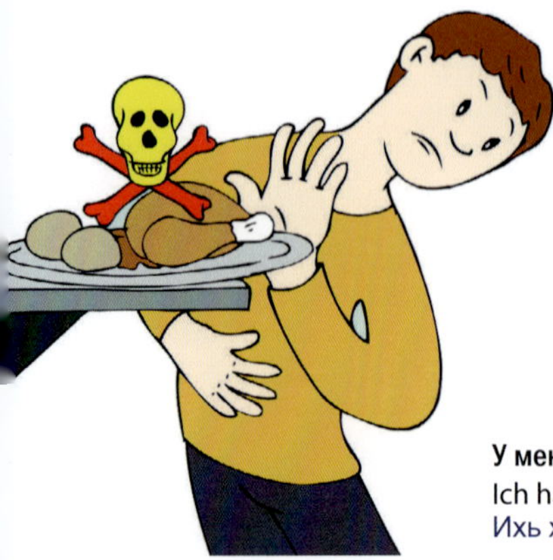

У меня геморрой.
Ich habe Hämorrhoiden.
Ихь ха́бе Хеморрои́ден.

У меня пищевое отравление.
Ich habe eine Lebensmittelvergiftung.
Ихь ха́бе а́йне Ле́бенсмиттельфергифтунг.

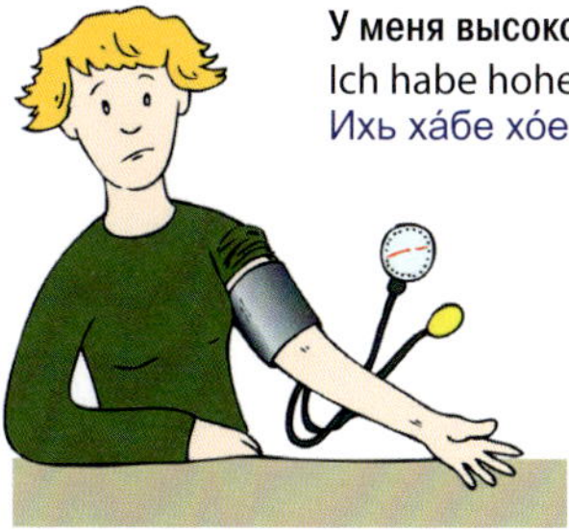

У меня высокое давление.
Ich habe hohen Blutdruck.
Ихь ха́бе хо́ен Блу́тдрук.

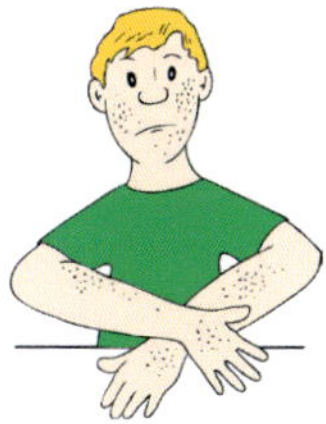

У меня сыпь.
Ich habe Hautausschlag.
Ихь ха́бе Ха́утаусшлаг.

Резкая боль.
Es ist ein stechender Schmerz.
Эс ист айн ште́хендер Шмерц.

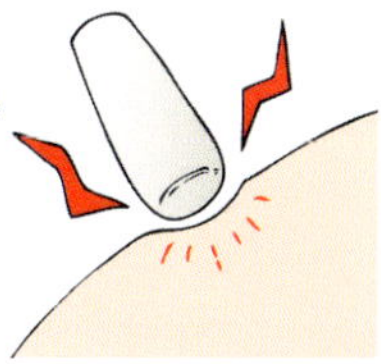

Тупая боль.
Es ist ein dumpfer Schmerz.
Эс ист айн ду́мпфер Шмерц.

Болит больше ночью.
Nachts tut es mehr weh.
Нахтс тут эс мер ве.

Болит постоянно.
Es tut ständig weh.
Эс тут ште́ндиг ве.

Болит время от времени.
Es tut nur hin und wieder weh.
Эс тут нур хин унд ви́дер ве.

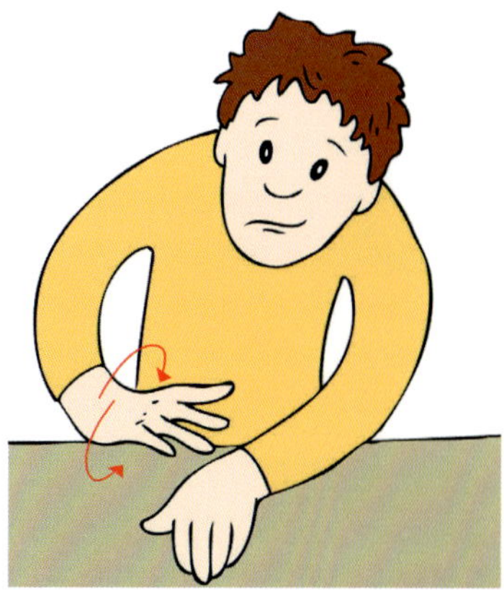

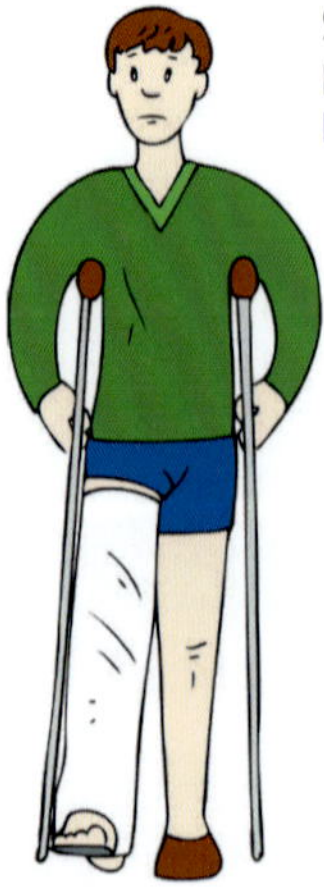

Я сломал ногу.
Ich habe mir das Bein gebrochen.
Ихь хáбе мир дас Байн гебрóхен.

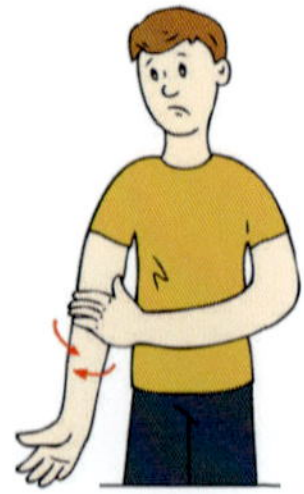

Я вывихнул руку.
Ich habe mir den Arm verrenkt.
Ихь хáбе мир ден Арм феррéнкт.

Я сломал руку.
Ich habe mir den Arm gebrochen.
Ихь хáбе мир ден Арм гебрóхен.

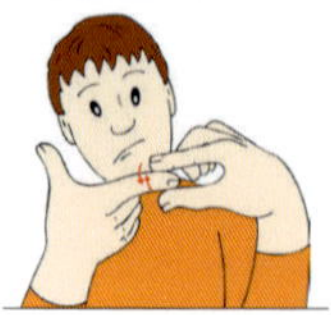

Я вывихнул палец на руке.
Ich habe mir den Finger verrenkt.
Ихь хáбе мир ден Фи́нгер ферр

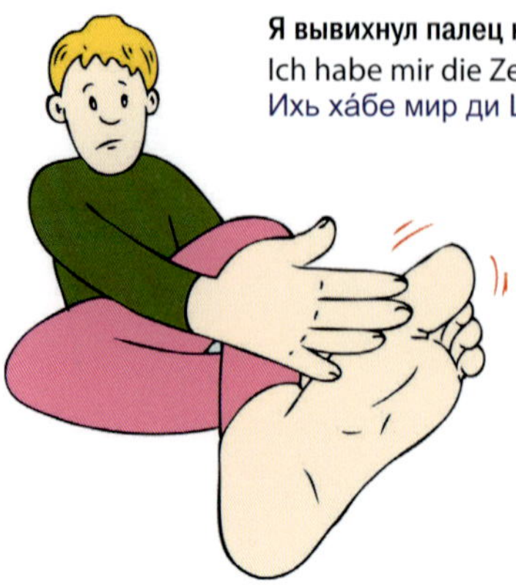

Я вывихнул палец на ноге.
Ich habe mir die Zehe verrenkt.
Ихь хáбе мир ди Цéе феррéнкт

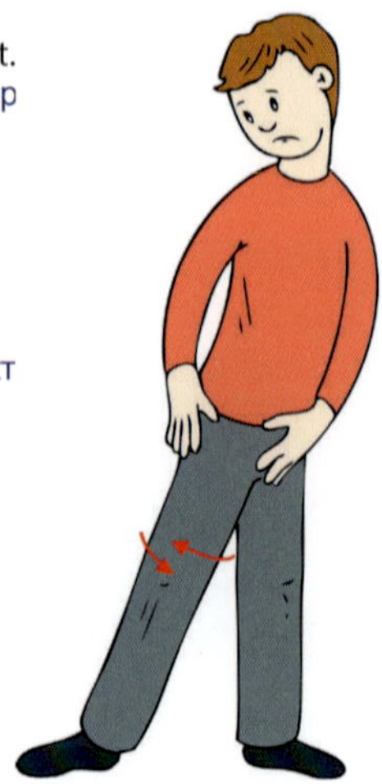

Я вывихнул ногу.
Ich habe mir das Bein verrenkt.
Ихь хáбе мир дас Байн феррéнкт.

Я ударился головой.
Ich habe mir meinen Kopf gestoßen.
Ихь хáбе мир мáйнен Копф гештóсен.

Я ударился ладонью.
Ich habe mir meine Hand gestoßen.
Ихь хáбе мир мáйне Ханд гештóсен

Я растянул лодыжку.
Ich habe mir den Fuß verstaucht.
Ихь хáбе мир ден Фус ферштáухт.

Я ударился рукой.
Ich habe mir meinen Arm gestoßen.
Ихь хáбе мир мáйнен Арм гештóсен.

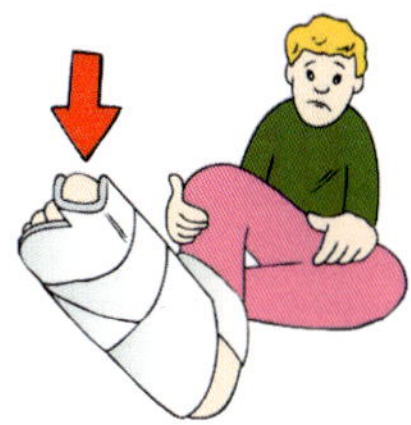

Я сломал палец на ноге.
Ich habe mir die Zehe gebrochen.
Ихь хáбе мир ди Цéе гебрóхен.

Я ударился коленом.
Ich habe mir mein Knie gestoßen.
Ихь хáбе мир майн Кни гештóсен.

Я сломал палец на руке.
Ich habe mir den Finger gebrochen.
Ихь хáбе мир ден Фúнгер гебрóхен.

Симптомы - *Symptome*

Что-то попало мне в глаз.
Mir ist etwas ins Auge gekommen.
Мир ист э́твас инс Ауге геко́ммен.

Я страдаю от бессонницы.
Ich leide an Schlaflosigkeit.
Ихь ла́йде ан Шла́флозихкайт.

У меня проблемы с сердцем.
Ich habe ein Herzproblem.
Ихь ха́бе айн Хе́рцпроблем.

Я теряю вес.
Ich verliere ständig am Gewicht.
Ихь ферли́ре ште́ндиг ам Геви́хт.

Я страдаю диабетом.
Ich bin Diabetiker.
Ихь бин Диабе́тикер.

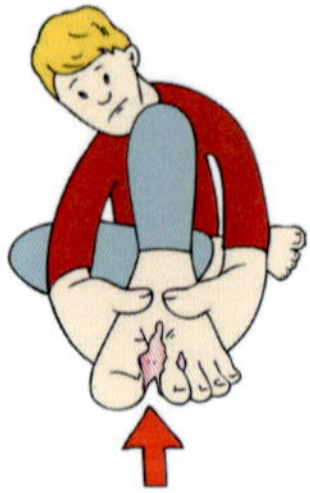

У меня запущенный грибок.
Ich habe einen schlimmen Fall von Fußpilz.
Ихь ха́бе а́йнен шли́ммен Фалль фон Фу́спильц.

Меня укусили.
Ich wurde gebissen.
Ихь ву́рде геби́ссен.

Меня укачивает на воде.
Ich bin seekrank.
Ихь бин зе́кранк.

Меня укачивает в машине.
Ich bin reisekrank.
Ихь бин ра́йзекранк.

Симптомы (Полезные слова)

боль	Schmerz Шмерц
простуда	Erkältung Эрке́льтунг
кашель	Husten Ху́стен
больное горло	Halsschmerzen Ха́льсшмерцен
головокружение	Schwindel Шви́ндель
озноб	Schüttelfrost Шю́ттельфрост
грипп	Grippe Гри́ппе
нарыв	Furunkel Фуру́нкель
перелом	Bruch Брух
растяжение	Zerrung Це́ррунг
волдырь	Blase Бла́зе
рана	Wunde Ву́нде
ушиб, синяк	Prellung Пре́ллунг
шишка	Beule Бо́йле
ожог	Verbrennung Фербре́ннунг
порез	Schnittwunde Шни́твунде
царапина	Kratzer Кра́тцер
опухоль	Schwellung Шве́ллунг
сыпь	Hautausschlag Ха́утаусшлаг
укус насекомого	Insektenstich Инзе́ктенштих
прострел	Genickstarre Гени́кштарре
боли в области живота	Unterleibsschmerzen Унтерлайбсшмерцен
менструальные спазмы	Menstruationskrämpfe Менструацио́нскремпфе
головная боль	Kopfschmerzen Ко́пфшмерцен
мигрень	Migräne Мигре́не

Визит к врачу - *Arztbesuch*

Я хочу записаться на прием.
Ich möchte einen Termin ausmachen.
Ихь мё̆хте а́йнен Терми́н а́усмахен.

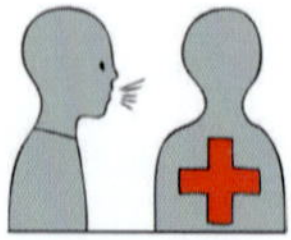

Мне нужно к врачу.
Ich möchte einen Arzt sprechen.
Ихь мё̆хте а́йнен Арцт шпре́хен.

Когда принимает доктор?
Wann sind die Sprechzeiten?
Ванн зинд ди Шпре́хцайтен?

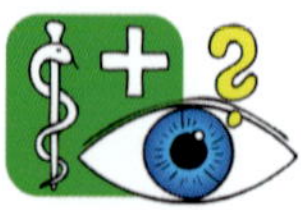

Где ближайший офтальмолог?
Wo ist der nächste Augenarzt?
Во ист дер не́ксте Аугенарцт?

Где ближайший лор-врач?
Wo ist der nächste Hals-Spezialist?
Во ист дер не́ксте Хальс-Шпециали́ст?

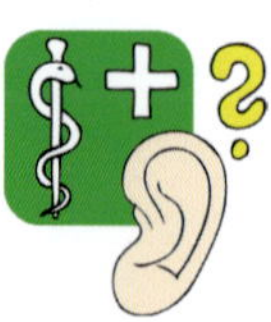

Где ближайший лор-врач?
Wo ist der nächste Ohrenarzt?
Во ист дер не́ксте Оренарцт?

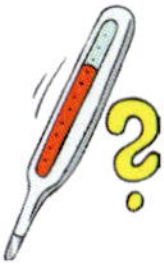

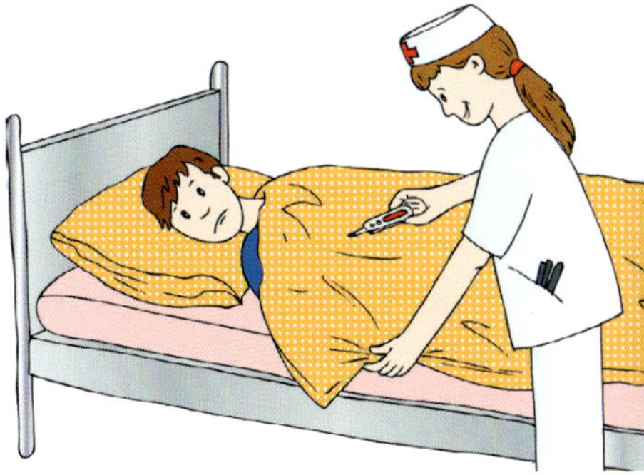

Какая у меня температура?
Wie hoch ist meine Temperatur?
Ви хох ист ма́йне Температу́р?

Долго я буду выздоравливать?
Wie lange wird es dauern, bis ich wieder gesund bin?
Ви ла́нге вирд эс да́уэрн, бис ихь ви́дер гезу́нд бин?

Мне можно продолжать путешествие?
Kann ich meine Reise fortsetzen?
Канн их ма́йне Ра́йзе фо́ртзетцен?

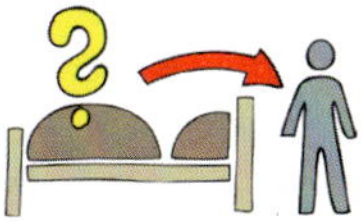

Мне можно вставать с постели?
Darf ich schon aus dem Bett aufstehen?
Дарф ихь шон а́ус дем Бетт а́уфштеен?

Сообщите моей семье, пожалуйста.
Können Sie bitte meine Familie informieren?
Кё́ннен Зи би́тте ма́йне Фами́ли информи́рен?

Это заразно?
Ist es ansteckend?
Ист эс анште́ккенд?

Это опасно?
Ist es gefährlich?
Ист эс гефе́рлих?

У меня первая группа крови, резус положительный.
Meine Blutgruppe ist 0 positiv.
Ма́йне Блу́тгруппе ист 0 по́зитиф.

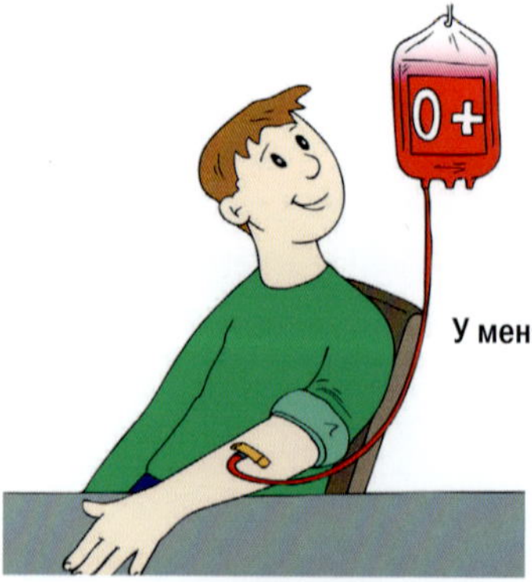

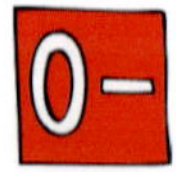

У меня первая группа крови, резус отрицательный.
Meine Blutgruppe ist 0 negativ.
Ма́йне Блу́тгруппе ист 0 не́гатиф.

У меня вторая группа крови, резус отрицательный.
Meine Blutgruppe ist A negativ.
Ма́йне Блу́тгруппе ист А не́гатиф.

У меня вторая группа крови, резус положительный.
Meine Blutgruppe ist A positiv.
Ма́йне Блу́тгруппе ист А по́зитиф.

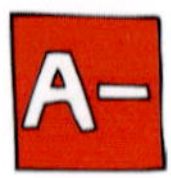

У меня третья группа крови, резус отрицательный.
Meine Blutgruppe ist B negativ.
Ма́йне Блу́тгруппе ист Б не́гатиф.

У меня третья группа крови, резус положительный.
Meine Blutgruppe ist B positiv.
Ма́йне Блу́тгруппе ист Б по́зитиф.

У меня четвертая группа крови, резус отрицательный.
Meine Blutgruppe ist AB negativ.
Ма́йне Блу́тгруппе ист АБ не́гатиф.

У меня четвертая группа крови, резус положительный.
Meine Blutgruppe ist AB positiv.
Ма́йне Блу́тгруппе ист АБ по́зитиф.

Можете дать мне что-нибудь болеутоляющее?
Können Sie mir etwas Schmerzstillendes geben?
Кённен Зи мир э́твас Шмерцшти́ллендес ге́бен?

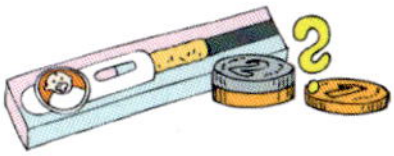

Сколько нужно заплатить за анализ?
Wie viel wird dieser Test kosten?
Ви филь вирд ди́зер Тест ко́стен?

Я близорукий.
Ich bin kurzsichtig.
Ихь бин ку́рцзихтиг.

Я дальнозоркий.
Ich bin weitsichtig.
Ихь бин ва́йтзихтиг.

Я принимаю вот эти лекарства.
Ich nehme diese Medizin.
Ихь не́ме ди́зе Медици́н.

Я на диете.
Ich bin auf Diät.
Ихь бин а́уф Диэ́т.

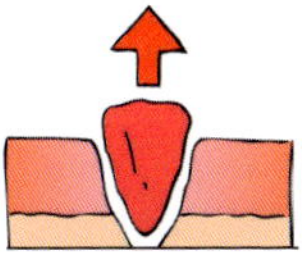

Я раньше лечился от язвы.
Ich hatte vor Kurzem eine Geschwürbehandlung.
Ихь ха́тте фор Ку́рцем а́йне Гешвю́рбехандлунг

Выпишите мне, пожалуйста, рецепт на транквилизатор.
Könnten Sie mir bitte ein Rezept für ein Beruhigungsmittel ausschreiben?
Кёнтен Зи мир битте айн Реце́пт фюр айн Беру́игунгсмиттель а́усшрайбен?

Я беременна.
Ich bin schwanger.
Ихь бин шва́нгер.

Где здесь рентгеновский кабинет?
Wo ist der Röntgenraum?
Во ист дер Рёнтге́нраум?

Мне нужно сделать рентген.
Ich muss mich röntgen lassen.
Ихь мусс михь Рентге́н ла́ссен.

У меня задержка.
Ich habe einmal meine Regel nicht bekommen.
Ихь ха́бе а́йнмаль ма́йне Ре́гель нихт беко́ммен.

Визит к врачу (Полезные слова)

прием .... Termin Терми́н
осмотр .... Untersuchung Унтерзу́хунг
рецепт .... Rezept Реце́пт
лечение .... Behandlung Беха́ндлунг
анализ .... Analyse Аналю́зе
рентген .... Röntgenuntersuchung Рёнтге́нунтерзухунг
медицинский осмотр .... ärztliche Untersuchung э́рцтлихе Унтерзу́хунг
медсестра/медбрат .... Krankenschwester Кра́нкеншвестер
расстройство желудка .... Verdauungsstörung Ферда́уунгсштёрунг
инфекция .... Infektion Инфекцио́н
тошнота .... Übelkeit Уе́белькайт
инфекция мочевых путей ..... Harnwegsinfektion Ха́рнвегзинфекцион
венерическое заболевание .... Geschlechtskrankheit Гешле́хтскранкхайт
глисты .... Würmer Вю́рмер
артрит .... Arthritis Артри́тис
анализ (проба) .... Probe Про́бе
астма .... Asthma Астма
бронхит .... Bronchitis Бронхи́тис
аллергия .... Allergie Аллерги́
болезнь сердца .... Herzkrankheit Хе́рцкранкхайт

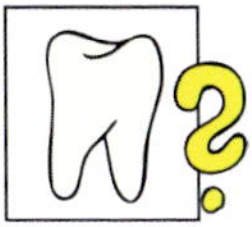

Где здесь стоматологическая поликлиника?
Wo ist die nächste Zahnklinik?
Во ист ди не́ксте Ца́нклиник?

У меня выпала пломба.
Mir ist eine Füllung rausgefallen.
Мир ист а́йне Фю́ллунг ра́усгефаллен.

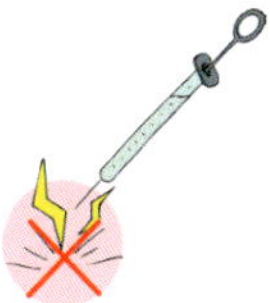

Пожалуйста, сделайте что-нибудь - очень болит.
Tun Sie bitte etwas gegen die Schmerzen.
Тун Зи би́тте э́твас ге́ген ди Шме́рцен.

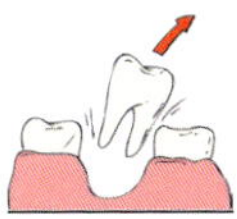

У меня выпал зуб.
Mir ist ein Zahn rausgefallen.
Мир ист айн Цан ра́усгефаллен.

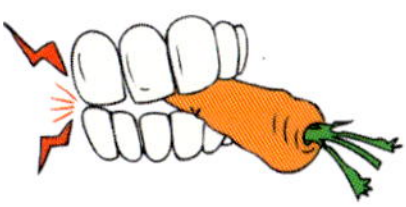

Больно, когда жую.
Es tut beim Kauen weh.
Эс тут байм Ка́уэн ве́е.

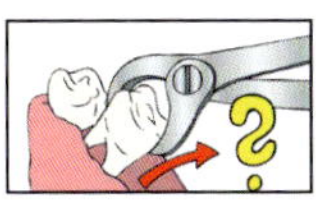

Нужно удалять?
Ist es nötig, diesen Zahn zu ziehen?
Ист эс нётиг, ди́зен Цан цу ци́эн?

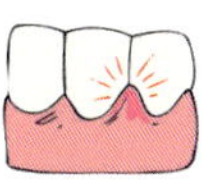

У меня болят десны.
Mein Zahnfleisch tut weh.
Майн Ца́нфлайш тут ве́е.

Поставьте мне коронку, пожалуйста.
Machen Sie bitte ein Krone für diesen Zahn.
Ма́хен Зи би́тте айн Кро́не фюр ди́зен Цан.

Не удаляйте мне этот зуб.
Bitte ziehen Sie ihn nicht.
Би́тте ци́эн Зи ин нихт.

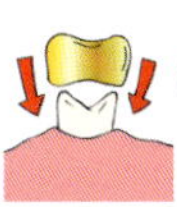

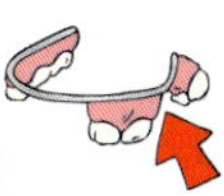

Почините мне зубной протез, пожалуйста.
Können Sie meine Zahnprothese reparieren?
Кённен Зи майне Ца́нпротезе репари́рен?

Пожалуйста, вызовите врача.
Bitte rufen Sie einen Arzt.
Би́тте ру́фен Зи а́йнен Арцт.

Пожалуйста, вызовите скорую.
Bitte rufen Sie einen Krankenwagen.
Би́тте ру́фен Зи а́йнен Кра́нкенваген.

У него серьезные травмы.
Er ist schwer verletzt.
Эр ист швер ферле́цт.

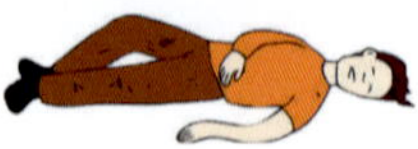

Он без сознания.
Er ist bewusstlos.
Эр ист беву́стлос.

Помогите мне добраться до больницы.
Bringen Sie mich in ein Krankenhaus!
Бри́нген Зи михь ин айн Кра́нкенхаус!

У меня кровотечение.
Ich blute.
Ихь блу́те.

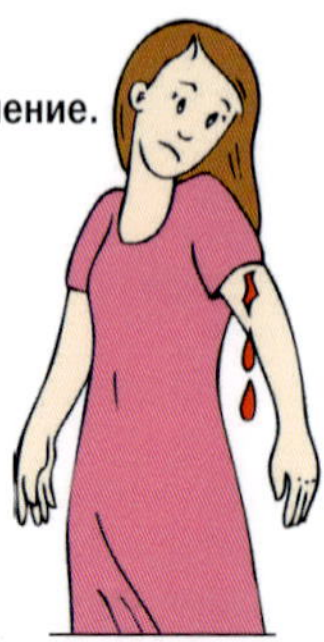

У нее кровотечение.
Sie blutet.
Зи блу́тет.

У него кровотечение.
Er blutet.
Эр блу́тет.

Меня сбила машина.
Ich wurde von einem Auto angefahren.
Ихь ву́рде фон а́йнем А́уто а́нгефарен.

Я упал с лестницы.
Ich bin die Treppe heruntergefallen.
Ихь бин ди Тре́ппе херу́нтергефаллен.

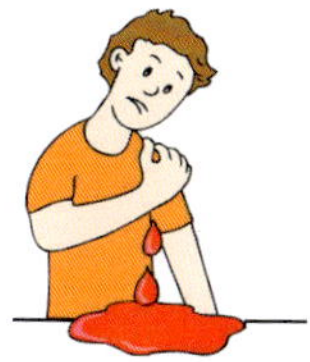

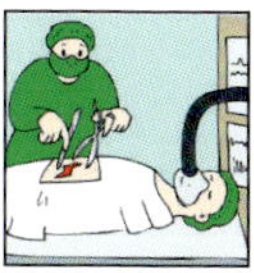

Мне нужна операция?
Muss ich operiert werden?
Мусс ихь опери́рт ве́рден?

Я потерял много крови.
Ich habe viel Blut verloren.
Ихь ха́бе филь Блут ферло́рен.

Вот мой полис медицинского страхования.
Hier ist meine Krankenversicherungskarte.
Хир ист ма́йне Кра́нкенферзихерунгскарте.

Мне будет нужен местный наркоз?
Brauche ich eine Lokalbetäubung?
Бра́ухе ихь а́йне Локальбето́йбунг?

Я должен остаться в больнице?
Muss ich im Krankenhaus bleiben?
Мусс ихь им Кра́нкенхаус бла́йбен?

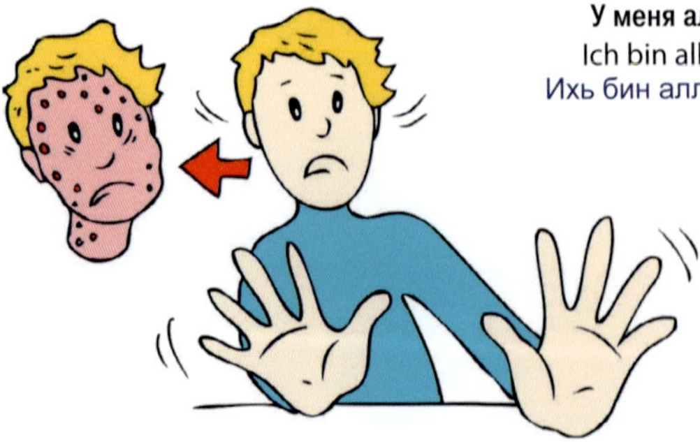

У меня аллергия на пенициллин.
Ich bin allergisch gegen Penizillin.
Ихь бин аллéргиш гéген Пеницилли́н.

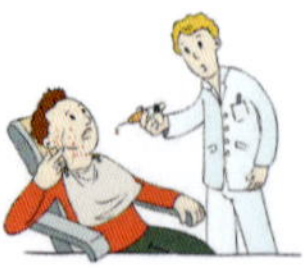

У меня реакция на новокаин.
Ich habe eine Reaktion auf Novocain.
Ихь хáбе áйне Реакциóн áуф Новокáйн.

У меня аллергия на антибиотики.
Ich bin allergisch gegen Antibiotika.
Ихь бин аллéргиш гéген Антибиóтика.

Я принимал эти таблетки.
Ich habe diese Tabletten genommen.
Ихь хáбе ди́зе Таблéттен генóммен.

У меня нет аллергии на лекарства.
Ich bin gegen keine Medikamente allergisch.
Ихь бин гéген кáйне Медикамéнте аллéргиш.

Я эпилептик.
Ich bin Epileptiker.
Ихь бин Эпилéптикер.

Я аллергик.
Ich bin Allergiker.
Ихь бин Аллéргикер.

Я инвалид.
Ich bin behindert.
Ихь бин бехи́ндерт.

Во сколько открывается аптека?
Wann öffnet die Apotheke?
Ванн оéфнет ди Апотéке?

Во сколько закрывается аптека?
Wann schließt die Apotheke?
Ванн шлист ди Апотéке?

Где ближайшая круглосуточная аптека?
Wo ist die nächste Nachtapotheke?
Во ист ди нéксте Нáхтапотеке?

На это лекарство нужен рецепт?
Brauche ich dafür ein Rezept?
Брáухе ихь дафюр айн Рецéпт?

Вы можете изготовить лекарство по этому рецепту?
Können Sie ein Medikament nach diesem Rezept vorbereiten?
Кённен Зи айн Медикамéнт нах ди́зем Рецéпт фóрберайтен?

Мне подождать?
Soll ich warten?
Золль ихь вáртен?

Я вернусь за ним.
Ich komme wieder und hole es ab.
Ихь кóмме ви́дер унд хóле эс аб.

Аптека (Полезные слова)

Срок годности .... Verfallsdatum Ферфáлльсдатум
Только для наружного прим. . Nur für äußere Anwendung Нур фюр óйсере Áнвендунг
внутривенное .... intravenös интравене̄с
ректальное .... rektal ректáль
оральное .... oral орáль
чайная ложка .... Teelöffel Тéлёффель
дозировка............... Dosierung Дози́рунг
таблетка .... Tablette Таблéтте
таблетка в оболочке .... Dragée Дражé
растворимые таблетки..... Brausetabletten Брáузетаблеттен
капсула................. Kapsel Кáпсель
ампула .... Ampulle Áмпулле
капли .... Tropfen Трóпфен
мазь .... Salbe Зáльбе
микстура .... Mixtur Микстýр
сироп .... Sirup Зи́руп
свеча .... Zäpfchen Цéпфхен
порошок .... Puder Пýдер
раствор................. Lösung Лёзунг
суспензия............... Suspension Зуспензиóн
крем .... Creme Крéме
средство................ Heilmittel Хáйльмиттель
лекарство .... Medikament Медикамéнт
болеутоляющее .... Schmerzmittel Шмéрцмиттель
анальгетик .... Analgetikum Анальгéтикум
транквилизатор .... Beruhigungsmittel Берýигунгсмиттель
слабительное .... Abführmittel Абфюрмиттель
успокоительное .... Sedativum Зедати́вум
снотворное.............. Schlafmittel Шлáфмиттель
заменитель аспирина...... Aspirin-Ersatz Аспири́н-Эрзáц
капли от кашля .... Hustentropfen Хýстентропфен
ушные капли............. Ohrtropfen Ортропфен
глазные капли .... Augentropfen Áугентропфен

Можно давать это детям?
Ist es für Kinder geeignet?
Ист эс фюр Ки́ндер геа́йгнет?

Сколько раз в день нужно принимать это лекарство?
Wie oft soll ich die Medizin einnehmen?
Ви офт золль ихь ди Медици́н а́йннемен?

У этого лекарства есть побочные эффекты?
Hat dieses Medikament irgendwelche Nebenwirkungen?
Хат ди́зес Медикаме́нт и́ргендвельхе Не́бенвиркунген?

Как принимать это лекарство?
Wie soll ich diese Medizin einnehmen?
Ви золль ихь ди́зе Медици́н а́йннемен?

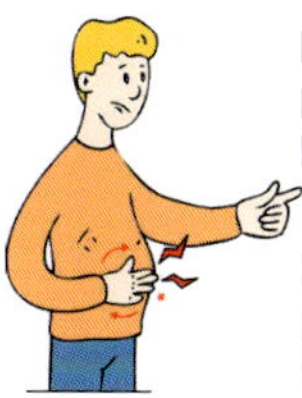

Можно попросить что-нибудь от расстройства желудка?
Kann ich etwas gegen Magenverstimmung bekommen?
Канн ихь э́твас ге́ген Ма́генферштиммунг беко́ммен?

Можно попросить что-нибудь от диареи?
Kann ich etwas gegen Durchfall bekommen?
Канн ихь э́твас ге́ген Ду́рхфалль беко́ммен?

На голодный желудок?
Auf leeren Magen?
А́уф ле́рен Ма́ген?

После еды?
Nach dem Essen?
Нах дем Эссен?

До еды?
Vor dem Essen?
Фор дем Эссен?

Во время еды?
Mit dem Essen?
Мит дем Эссен?

аптека - *Apotheke*

Можно попросить что-нибудь от похмелья?
Kann ich etwas gegen einen Kater bekommen?
Канн ихь э́твас ге́ген а́йнен Ка́тер беко́ммен?

Можно попросить что-нибудь от укачивания?
Kann ich etwas gegen Reisekrankheit bekommen?
Канн ихь э́твас ге́ген Ра́йзекранкхайт беко́ммен?

Можно попросить что-нибудь от солнечного ожога?
Kann ich etwas gegen einen Sonnenbrand bekommen?
Канн ихь э́твас ге́ген а́йнен Зо́нненбранд беко́ммен?

Можно попросить что-нибудь от укусов насекомых?
Kann ich etwas gegen Insektenstiche bekommen?
Канн ихь э́твас ге́ген Инзе́ктенштихе беко́ммен?

Можно попросить что-нибудь от сенной лихорадки?
Kann ich etwas gegen Heuschnupfen bekommen?
Канн ихь э́твас ге́ген Хо́йшнупфен беко́ммен?

Можно попросить что-нибудь от кашля?
Kann ich etwas gegen Husten bekommen?
Канн ихь э́твас ге́ген Ху́стен беко́ммен?

Можно попросить что-нибудь от горла?
Kann ich etwas gegen Halsschmerzen bekommen?
Канн ихь э́твас ге́ген Ха́льсшмерцен беко́ммен?

Можно попросить что-нибудь от простуды?
Kann ich etwas gegen Erkältung bekommen?
Канн ихь э́твас ге́ген Эрке́льтунг беко́ммен?

Дайте мне, пожалуйста, аспирин.
Bitte geben Sie mir etwas Aspirin.
Би́тте ге́бен Зи мир э́твас Аспири́н.

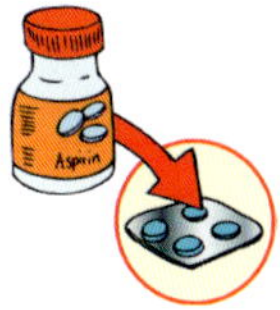

Дайте мне, пожалуйста, антисептический крем.
Bitte geben Sie mir eine antiseptische Creme.
Би́тте ге́бен Зи мир а́йне антизе́птише Кре́ме.

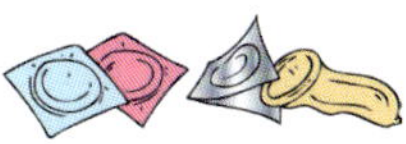

Дайте мне, пожалуйста, презервативы.
Bitte geben Sie mir Kondome.
Би́тте ге́бен Зи мир Кондо́ме.

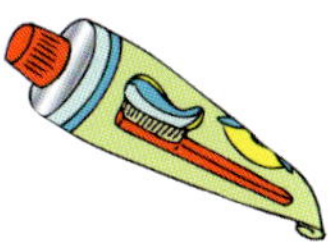

Дайте мне, пожалуйста, зубную пасту.
Bitte geben Sie mir Zahnpasta.
Би́тте ге́бен Зи мир Ца́нпаста.

Дайте мне, пожалуйста, салфетки.
Bitte geben Sie mir Taschentücher.
Би́тте ге́бен Зи мир Та́шентюхер.

Дайте мне, пожалуйста, средство от насекомых.
Bitte geben Sie mir ein Insektenschutzmittel.
Би́тте ге́бен Зи мир айн Инзе́ктеншуцмиттель.

Аптека (Полезные слова)

жидкость для стерилизации Desinfektionslösung Дезинфекцио́нслёзунг
таблетки от аллергии . . . . . .Anti-Allergie-Tabletten А́нти-Аллерги́-Табле́ттен
противоастматич. ингалятор Asthma-Spray А́стма-Шпре́
клизма . . . . .Einlauf А́йнлауф
градусник. . . . . .Thermometer Термоме́тер
лейкопластырь . . . . .Heftpflaster Хе́фтпфластер
увлажняющий крем . . . . . . .Feuchtigkeitscreme Фо́йхтихкайтскреме
крем для рук. . . . . .Handcreme Ха́ндкреме
бальзам для губ . . . . .Lippensalbe Ли́ппензальбе
дезодорант. . . . . .Deodorant Деодора́нт
зубная нить. . . . . .Zahnseide Ца́нзайде
зубная щетка . . . . .Zahnbürste Ца́нбюрсте
крем для загара . . . . .Sonnencreme Зо́нненкреме
лосьон после загара. . . . . . .AfterSun-Lotion А́втесан-Лоцио́н
средство против загара . . . .Sonnenblocker Зо́нненблоккер
солнцезащитный фактор . . .Lichtschutzfaktor Ли́хтсшуцфактор
лезвия для бритвы. . . . . . . .Rasierklingen Рази́рклинген
лосьон после бритья . . . . . .Aftershave А́втешейв
туалетная бумага . . . . .Toilettenpapier Тойле́ттенпапир
мыло. . . . . .Seife За́йфе
гигиенические салфетки . . .Damenbinden Да́менбинден
тампоны . . . . .Tampons Та́мпонс
расческа. . . . . .Kamm Камм
кондиционер . . . . .Haarspülung Ха́ршпюлунг
мусс . . . . .Schaumfestiger Ша́умфестигер
лак для волос . . . . .Haarspray Ха́ршпре
шампунь. . . . . .Shampoo Ша́мпу
детское питание. . . . . .Babynahrung Бе́йбинарунг
подгузники . . . . .Windeln Ви́ндельн

САЛОН КРАСОТЫ
SCHÖNHEITSPFLEGE

Сколько мне придется ждать?
Wie lange werde ich warten müssen?
Ви ла́нге ве́рде ихь ва́ртен мю́ссен?

Можно записаться на стрижку?
Ich möchte einen Termin zum Haareschneiden ausmachen.
Ихь мёхте а́йнен Терми́н цум Ха́решнайден а́усмахен.

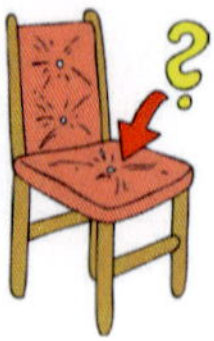

Где можно подождать?
Wo kann ich mich für eine Weile hinsetzen?
Во канн ихь михь фюр айне Ва́йле хи́нзетцен?

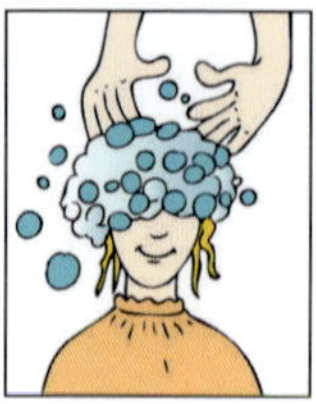

Я хочу помыть голову.
Ich möchte eine Haarwäsche.
Ихь мёхте а́йне Ха́рвеше.

Я хочу сделать укладку.
Ich möchte eine Frisur.
Ихь мёхте а́йне Фризу́р.

Я хочу подстричься.
Ich möchte einen Haarschnitt.
Ихь мёхте а́йнен Ха́ршнитт.

Я хочу короткую стрижку.
Ich möchte einen kurzen Haarschnitt.
Ихь мёхте а́йнен ку́рцен Ха́ршнитт.

Я хочу, чтобы мне покрасили волосы.
Ich möchte meine Haare färben lassen.
Ихь мё̆хте ма́йне Ха́ре фе́рбен ла́ссен.

Я хочу, чтобы мне завили волосы.
Ich möchte meine Haare wellen lassen.
Ихь мё̆хте ма́йне Ха́ре ве́ллен ла́ссен.

Подстригите покороче, пожалуйста.
Bitte schneiden Sie es kurz.
Би́тте шна́йден Зи эс курц.

Не слишком коротко.
Nicht zu kurz.
Нихт цу курц.

Вымойте и уложите мне волосы.
Bitte waschen und stylen Sie mein Haar.
Би́тте ва́шен унд шти́лен Зи майн Хар.

Щадящую химию, пожалуйста.
Bitte eine leichte Dauerwelle.
Би́тте а́йне ла́йхте Да́уэрвелле.

Пожалуйста, немного подстригите кончики.
Schneiden Sie nur ein wenig die Spitzen.
Шна́йден Зи нур айн ве́ниг ди Шпи́тцен.

Пожалуйста, кончиками внутрь.
Bitte locken Sie die Enden nach innen.
Би́тте ло́ккен Зи ди Энден нах и́ннен.

Пожалуйста, кончиками наружу.
Bitte locken Sie die Enden nach außen.
Би́тте ло́ккен Зи ди Энден нах а́усен.

Сделайте мне, пожалуйста, пробор справа.
Bitte machen Sie mir einen Scheitel auf der rechten Seite.
Би́тте ма́хен Зи мир а́йнен Ша́йтель а́уф дер ре́хтен За́йте.

Сделайте мне, пожалуйста, прямой пробор.
Bitte machen Sie mir einen Scheitel in der Mitte.
Би́тте ма́хен Зи мир а́йнен Ша́йтель ин дер Ми́тте.

Зафиксируйте укладку лаком.
Bitte fixieren Sie die Frisur mit Haarspray.
Би́тте фикси́рен Зи ди Фризу́р мит Ха́ршпре.

Без лака, пожалуйста.
Bitte ohne Haarspray.
Би́тте о́не Ха́ршпре.

С муссом, пожалуйста.
Bitte verwenden Sie Schaumfestiger.
Би́тте ферве́нден Зи Ша́умфестигер.

Подровняйте мне, пожалуйста, бороду.
Bitte schneiden Sie meinen Bart zurecht.
Би́тте шна́йден Зи ма́йнен Барт цуре́хт.

Подровняйте мне, пожалуйста, усы.
Bitte schneiden Sie meinen Schnurrbart zurecht.
Би́тте шна́йден Зи ма́йнен Шну́рбарт цуре́хт.

Я хочу сделать эпиляцию воском.
Ich möchte eine Wachsepilation.
Ихь мё́хте а́йне Ва́ксепилацион.

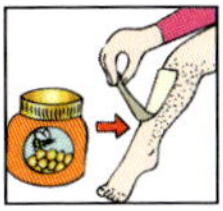

Я хотел бы сделать массаж головы.
Ich möchte eine Kopfhautmassage bitte.
Ихь мё́хте а́йне Ко́пфхаутмассаже би́тте.

Я хочу сделать маску на лицо.
Ich möchte eine Gesichtspflege.
Ихь мё́хте а́йне Гези́хтспфлеге.

Салон причесок (Полезные слова)

парикмахерская .... Frisörsalon Фризё́рзалон
салон красоты .... Schönheitssalon Шё́нхайтсзалон
стилист .... Stylist Стайли́ст
макияж .... Make-up Мейк-а́п
мелирование .... Strähnchen Штре́нхен
кудри .... Locken Ло́ккен
волны .... Wellen Ве́ллен
челка .... Pony По́ни
краска .... Färbung Фе́рбунг
спа .... Spa Спа
лечение волос .... Haarpflege Ха́рпфлеге
карвинг .... Carving Ка́рвинг
наращивание ногтей ...... Nagelverlängerung На́гельферленгерунг

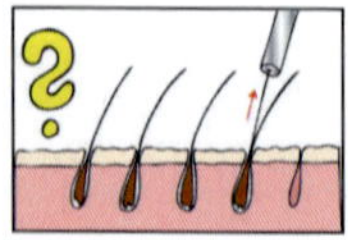

У вас в салоне делают эпиляцию?
Machen Sie Haarentfernungen?
Мáхен Зи Хáрентфернунген?

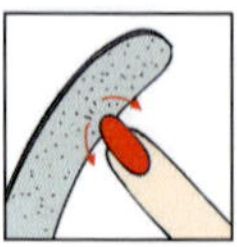

Сделайте мне, пожалуйста, маникюр.
Bitte feilen Sie meine Nägel und bringen Sie sie in Form.
Би́тте фáйлен Зи мáйне Нéгель унд бри́нген Зи зи ин Форм.

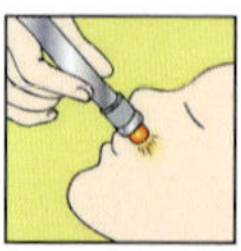

Я хотел бы, чтобы мне сделали чистку лица.
Ich möchte eine Hautbehandlung haben.
Ихь мёхте áйне Хáутбехандлунг хáбен.

Прочее (Полезные слова)

классический маникюр . . . . . . .klassische Maniküre клáссише Маникю́ре
педикюр . . . . .Pediküre Педикю́ре
восстановление ногтей . . . . . . .Nagelreparatur Нáгельрепаратур
чистка .Gesichtsbehandlung Гези́хтсбехандлунг
эпиляция . . . . .Epilation Эпилацио́н
маска .Maske Мáске
массаж . . . . .Massage Массáже
пилинг . . . . .Peeling Пéлинг

ВЫЗОВ ПОЛИЦИИ
DIE POLIZEI RUFEN

Помогите!
Hilfe!
Хи́льфе!

Это срочно!
Es ist dringend!
Эс ист дри́нгенд!

Немедленно вызовите полицию.
Bitte rufen Sie sofort die Polizei.
Би́тте ру́фен Зи зофо́рт ди Полица́й.

Где ближайшее отделение полиции?
Wo ist das nächste Polizeirevier?
Во ист дас не́ксте Полица́йревиер?

На меня напали.
Ich wurde angegriffen.
Ихь ву́рде а́нгегриффен.

Меня ограбили.
Ich wurde beraubt.
Ихь ву́рде бера́убт.

Я хочу сообщить о несчастном случае.
Ich möchte einen Unfall melden.
Ихь мёхте áйнен Ýнфалль мéльден.

Я хочу сообщить об ограблении.
Ich möchte einen Raubüberfall melden.
Ихь мёхте áйнен Рáубюберфалль мéльден.

Я хочу сообщить о нападении.
Ich möchte einen Angriff melden.
Ихь мёхте áйнен Áнгрифф мéльден.

Я хочу сообщить об изнасиловании.
Ich möchte eine Vergewaltigung melden.
Ихь мёхте áйне Фергевáльтигунг мéльден.

Напишите, пожалуйста, заявление о краже.
Bitte füllen Sie eine Diebstahl-Anzeige aus.
Би́тте фю́ллен Зи áйне Ди́бшталь-Анцайге áус.

Можно мне получить дубликат?
Kann er neu ausgestellt werden?
Канн эр ной áусгештелльт вéрден?

Я потерял паспорт.
Ich habe meinen Reisepass verloren.
Ихь хáбе мáйнен Рáйзепасс ферлóрен.

Я потерял билет.
Ich habe meine Fahrkarte verloren.
Ихь хáбе мáйне Фáркарте ферлóрен.

Я потерял багаж.
Ich habe mein Gepäck verloren.
Ихь хáбе майн Гепéк ферлóрен.

Я потерял барсетку.
Ich habe meine Handtasche verloren.
Ихь хáбе мáйне Хáндташе ферлóрен.

Где стол находок?
Wo ist das Fundbüro?
Во ист дас Фýндбюро?

У меня украли камеру.
Meine Kamera wurde gestohlen.
Ма́йне Ка́мера ву́рде гешто́лен.

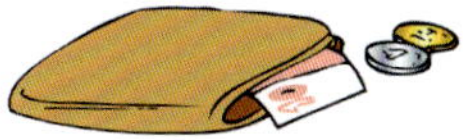

У меня украли кошелек.
Mein Portemonnaie wurde gestohlen.
Майн По́ртмоне ву́рде гешто́лен.

У меня украли часы.
Meine Armbanduhr wurde gestohlen.
Ма́йне А́рмбандур ву́рде гешто́лен.

У меня украли багаж.
Mein Gepäck wurde gestohlen.
Майн Гепе́к ву́рде гешто́лен.

У меня украли билет.
Meine Fahrkarte wurde gestohlen.
Ма́йне Фа́ркарте ву́рде гешто́лен.

У меня украли паспорт.
Mein Reisepass wurde gestohlen.
Майн Ра́йзепасс ву́рде гешто́лен.

У меня украли барсетку.
Meine Handtasche wurde gest
Ма́йне Ха́ндташе ву́рде гешт

Мне нужен переводчик.
Ich brauche einen Dolmetscher.
Ихь бра́ухе а́йнен Дольме́чер.

Мне нужно позвонить своему адвокату.
Ich muss meinen Anwalt anrufen.
Ихь мусс ма́йнен А́нвальт а́нруфен.

Мне нужно позвонить в посольство.
Ich muss die Botschaft anrufen.
Ихь мусс ди Бо́тшафт а́нруфен.

Мне нужно позвонить родственникам.
Ich muss meine Verwandten anrufen.
Ихь мусс ма́йне Ферва́ндтен а́нруфен.

Мне нужно позвонить друзьям.
Ich muss meine Freunde anrufen.
Ихь мусс ма́йне Фро́йнде а́нруфен.

Wörterverzeichnis

adj	Adjektiv
adv	Adverb
art	Artikel
konj	Konjunktion
part	Partikel
num	Zahlwort
prep	Präposition
pron	Pronomen
v	Verb

A

Abend *der* -s, -e 13, 15, 28, 99, 116
Abendanzug *der* -s od. -es, -anzüge 160
abfahren *v* 28, 50
abfliegen *v* 46
Abfluss *der* -es, -flüsse 61
abgeben *v* 78
abheben *v* 102, 103
abholen *v* 66, 166, 211
abreisen *v* 63
Abreisezeit *die* -, -en 54
abschicken *v* 24
Abschleppfahrzeug *das* -es, -e 86
abschließen *v* 78
absetzen *v* 24
abstempeln *v* 34
Abteil *das* -s, -e 48
Abzug *der* -s, -züge 167
Adapter *der* -s, - 165
Adresse *die* -, -n 24
aktuell *adj* 47
akzeptieren *v* 65
Alkohol *der* -s, -e 152, 171
allein *adv* 17, 34
Allergiker *der* -s, - 210
allergisch *adj* 210
alles *pron* 176
an Bord 41
anbieten *v* 177
anders *adv* 158
ändern *v* 40
anfahren *v* 209
anfangen *v* 99
angreifen *v* 224
Angriff *der* -s, -e 225
anhalten *v* 49, 75
Anhänger *der* -s, - 172
ankommen *v* 40, 50
Anleitung *die* -, -en 166
annehmen *v* 177
anprobieren *v* 160
anrufen *v* 87, 110, 111, 228
anschauen *v* 24, 92, 163, 164, 173
Anschluss *der* -es, -e 36
Anschrift *die* -, -en 14
anschwellen *v* 196
Ansicht *die* -, -en 168
Ansichtsfoto *das* -s, -s 168
ansteckend *adj* 203
Anteil *der* -s, -e 132
Antibiotikum *das* -s, -tika 210
Antiquitätengeschäft *das* -es, -e 154
antiseptisch *adj* 215
Anwalt *der* -s, -wälte 228
Anzahlung *die* -, -en 66
Apotheke *die* -, -n 11, 176, 211
Apparat *der* -s, -e 110
Appetit *der* -s, -e 26
Aprikose *die* -, -n 135
Aquapark *der* -s, -s, seltener -e 187
Arbeiter *der* -s, - 18
Arm *der* -s, -e 192, 198, 199
Armband *das* -s, -bänder 172
Armbanduhr *die* -, -en 172, 227
arrangieren *v* 93
Art *die* -, -en 158
Artischocke *die* -, -n 138
Arzt *der* -es, -Ärzte 89, 202, 208
Aschenbecher *der* -s, - 56
Aspirin® *das* -s, nur Einz. 215
Asthma *das* -s, nur Einz. 195
Aubergine *die* -, -n 137
Auf Wiedersehen 14
aufbewahren *v* 55
Aufenthalt *der* -es, -e 46, 63, 65
aufgeben *v* 117
aufgeschlüsselt *adj* 88
aufpassen *v* 14
aufräumen *v* 58, 62
aufschreiben *v* 23
aufstehen *v* 203
Aufziehrädchen *das* -s, - 174
Auge *das* -s, -n 200
Augenarzt *der* -es, -ärzte 202
Augenblick *der* -s, -e 22
Ausblick *der* -s, -e 20
Ausflug *der* -s, -flüge 93
ausfüllen *v* 225
Ausländer *der* -s, - 90
ausländisch *adj* 177
ausmachen *v* 202, 218
ausprobieren *v* 78
ausschreiben *v* 205
aussehen *v* 20
aussteigen *v* 49, 72
ausstellen *v* 226
Ausweis *der* -es, -e 103
Auszahlungsbeleg *der* -s, -e 103
authentisch *adj* 114
Auto *das* -s, -s 24, 76, 77, 78, 86, 184, 209
Autobahn *die* -, -en 80
Automatikgetriebe *das* -s, - 76

Autoverleih *der* -s, -e 36
Autoversicherung *die* -, -gen 78
außen *adv* 220
Avocado *die* -, -s 137

B

Backkartoffel *die* -, -n 121
Bahnhof *der* -es, -höfe 11, 39, 74
Banane *die* -, -n 134
Bank *die* -, -en 11, 102
bar *adj* 64
Bart *der* -es, Bärte 221
Barzahlungsrabatt *der* -s od. -es, -e 177
Basilikum *das* -s, nur Einz. 141
Batterie *die* -, -n 83, 85, 165, 166, 174, 182
Bauchschmerz *der* -en, -en 193
beeilen *v* 23
behindert *adj* 210
behindertengerecht *adj* 97
beiliegen *v* 166
Bein *das* -es, -e 198
beißen *v* 200
bekannt *adj* 168
Bekleidungsgeschäft *das* -es, -e 155
bekommen *v* 35, 44, 45, 47, 120, 185, 213
Beleg *der* -s, -e 178
benutzen *v* 98, 109
Benzin *das* -s, -e 86
berauben *v* 224
berechnen *v* 64
bereit *adj* 120
beruhigen *v* 25
Beruhigungsmittel *das* -s, - 205
beschädigt *adj* 44
besetzt *adj* 48, 109
besonders *adv* 93
besorgen *v* 100
besser *adv oder adj* 177, 193
bestätigen *v* 40
bestellen *v* 45, 56, 62, 116, 118, 131
Bestellung *die* -, -en 117, 120, 129, 130
Besuch *der* -e, -s 34
betanken *v* 77
betreffen *v* 20
Bett *das* -s, -en 53, 203
Beule *die* -, -n 194
bewusstlos *adj* 208
bezahlen *v* 43, 77, 79, 132, 177
Bier *das* -s, -e 45, 124, 152
Bild *das* -s, -er 98, 168
billig *adj* 114
billiger *adj* 54
bisschen *pron* 128
bitte *inter* 22, 46
Bitte zeigen Sie mir ... 158
Blase *die* -, -n 194
Blaubeere *die* -, -n 135
Blauschimmelkäse *der* -s, - 147
bleiben *v* 19, 35, 110, 209
bleichen *v* 181
Bleifrei *das* -, nur Einz. 82
Blitz *der* -es, -e 98
Blitzlicht-Batterie *die* -, -n 165
Blumenkohl *der* -s, -e 137
Blut *das* -es, - 209
Blutdruck *der* -es, nur Einz. 197
bluten *v* 208
Blutgruppe *die* -, -n 204
Boden *der* -s, Böden 186
Bohne *die* -, -n 136
Boiler *der* -s, - 67, 68
Bonbon *der* -s, -s 149
Boot *das* -s, -s 189
Bord *der* -s, -e 50
Botschaft *die* -, -en 228
Bowlingklub *der* -s, -s 100
brauchen *v* 77, 82, 83, 103, 108, 160, 165, 211
brechen *v* 198, 199
Bremse *die* -, -n 83
Brief *der* -s, -e 24, 107
Briefkasten *der* -s, -kästen 107
Briefmarke *die* -, -n 106, 107
Briefumschlag *der* -s, -schläge 170
Brille *die* -, -n 163
bringen *v* 36, 55, 57, 125, 171, 209
Bronchitis *die* -, -chitiden 195
Brosche *die* -, -n 172
Brötchen *das* -s, - 146
Bruch *der* -s, Brüche 194
Brust *die* -, Brüste 192
Buchladen *der* -s, Läden 155
buchstabieren *v* 110
bügeln *v* 57, 58, 181
Bus *der* busses, Busse 37, 38, 40 ,47, 49, 70
Busfahrplan *der* -s, -pläne 47
Bushaltestelle *die* -, -n 36, 70
Businessclass-Ticket *das* -s, -s 39
Butangas *das* -es, nur Einz. 185

C

Campingplatz *der* -es, -plätze 184, 185
Cayennepfeffer *der* -s, nur Einz. 141
Champagner *der* -s, - 152
chemisch *adj oder adv* 180, 181

Creme *die* -, -s 215

D

dabeihaben *v* 76
dagegen *adv* 16
Damenschuh *der* -e, -e 164
damit *konj* 165
Dank *der* -es, - 21, 111
danke *part* 21, 128
danken *v* 10
Das ist alles, danke. 176
Das ist für Sie 75
Das ist kaputt 178
Das reicht! 25
dasselbe *pron* 120
dauern *v* 27, 87, 99, 182, 203
Dauerwelle *die* -, -n 219
Decke *die* -, -n 56
decken *v* 88
denken *v* 90
Diabetiker *der* -s, - 120, 200
Diät *die* -, -en 205
Die Rechnung, bitte. 131
Diebstahl-Anzeige *die* -, -n 225
Dienstag *der* -s, -e 31
Diesel *der* -s, nur Einz. 82
direkt *adj* 47, 74, 109
Direktflug *der* -s, -flüge 37
Disko *die* -, -s 100
Diving-Zentrum *das* -s, -zentren 190
Dokument *das* -s, -e 76
Donnerstag *der* -s, -e 31
Doppelbett *das* -s, -en 53
Doppelzimmer *das* -s, - 52
dort *adv* 117
dorthin *adv* 70, 71, 74
draußen *adv* 184
Dressing *das* , -s 125
dringend *adj* 224
Drogerie *die* -, -n 155
drüben *adv* 117
drücken *v* 164
dumpf *adj oder adv* 197
Durch, bitte. 121
Durchfall *der* -s, -fälle 196, 203
durchführen *v* 82
dürfen *v* 98, 128, 132
Dusche *die* -, -n 61, 185

E

E-Mail-Adresse *die* -, -n 14, 24, 112
E-Mail-Nachricht *die* -, -en 112
Economyclass-Ticket *das* -s, -s 39
Eilsendung *die* -, -en 108
Einbruch *der* -s, -brüche 89
einchecken *v* 39
eine *art* 52
einfach *adj* 39
Einfahrt *die* -, -en 80
einfarbig *adj* 162
einlegen *v* 138
einheimisch *adj* 116, 152
einkaufen *v* 16, 42
Einkaufsviertel *das* -s, - 154
einladen *v* 16, 132
einloggen *v* 112
einlösen *v* 104
einmal *adv* 23
einnehmen *v* 213
einschließen *v* 77, 86
Einschreiben *das* -s, - 108
Eintritt *die* -s, -e 97, 100
Eintrittskarte *die* -, -n 100
Einwegkamera *die* -, -s 166
einwickeln *v* 159
einzahlen *v* 103
Einzahlungsbeleg *der* -s, -e 103
Einzelbett *das* -s, -en 53
einzeln *adv* 159
Einzelzimmer *das* -s, - 52
elektrisch *adj* 85
Elektro-Steckdose *die* -, -n 185
Empfangshalle *die* -, -en 15
empfehlen *v* 54, 93, 99, 118, 171
Ende *das* -s, -n 220
eng *adj* 161
englischsprachig *adj* 97
entfernen *v* 58
Entschuldigen Sie bitte 22
Entschuldigung *die* -, -en 22, 95
Epileptiker *der* -s, - 210
Erdbeere *die* -, -n 136
erhalten *v* 90
Erkältung *die* -, -en 214
erlaubt *adj* 186
ermäßigt *adj* 38
eröffnen *v* 103
Ersatzsicherung *die* -, -gen 67
Ersatzteil *das* -s, -e 86
Erzeugnis *das* -ses, -se 156
Es regnet 30
Essen *das* -s, - 45, 120, 213
essen *v* 16, 116
etwas *pron* 16, 103, 117, 125, 158
Etwas mehr 175
Etwas weniger 175
Euro *der* -, - 43, 104
Europa *das* -s, nur Einz. 107
europäisch *adj* 168
Expresszug *der* -s, -züge 37
extra *adv* 72

F

fahren *v* 37, 40, 58, 70, 73, 74, 75, 80, 188
Fahrer *der* -s, - 76
Fahrerlaubnis *die* -, -se 76, 90
Fahrkarte *die* -, -n 39, 226, 227

Fahrplan *der* -s, -pläne 47
Fahrpreis *der* -es, -e 71
Fahrschein *der* -s, -e 71, 72
Fahrt *die* -, -en 71, 74
Fall *der* -s, Fälle 200
Familie *die* -, -n 18, 34, 52, 203
färben *v* 219
Fastfood-Restaurant *das* -s, -s 115
Faxnachricht *die* -, -en 112
Faxnummer *die* -, -n 14
fehlen *v* 44
Fehler *der* -s, - 178
feilen *v* 222
Fenster *das* -s, - 61, 117
Fensterplatz *der* -es, -plätze 42
Fernseher *der* -s, - 60
fertig *adj* 58, 87, 167
Feuerwehr *die* -, -en 89
Feuerzeug *das* -s, -e 171
Fieber *das* -s, nur Mehrz. 192
finden *v* 44, 66, 114, 115, 175, 190
Finger *der* -s, - 198, 199
Fitnesszentrum *das* -s, -zentren 187
fixieren *v* 220
Flasche *die* -, -n 45, 121, 169
Fleck *der* -s, -e oder -en 58
Flug *der* -s, Flüge 37, 40, 41, 42
Flughafen *der* -s, -häfen 39, 42, 58, 70, 73, 74
Flugsteig *der* -s, -e 41
Flugzeug *das* -s, -e 38, 46
Flussbarsch *der* -es, -e 140
Flusskrebs *der* -es, -e 139
Form *die* -, -en 222
Formular *das* -s, -e 34
fortsetzen *v* 203
Foto *das* -s, -s 166, 167
fotografieren *v* 98
fragen *v* 11
französisch *adj* 125
Frau *die* -, -en 17
frei *adv* 73
Freibad *das* -s, -bäder 187
Fremdenführer *der* -s, - 93
Freund *der* -es, -e 228
Freundin *die* -, -nen 17
frisch *adv* 150
Frisur *die* -, -en 20, 218, 220
Frohe Weihnachten! 26
früh *adv* 27, 39
früher *adv* 63
Frühstück *das* -s, -e 53, 56, 62, 116
fühlen *v* 192, 193
führen *v* 80, 109
Fundbüro *das* -s, -s 226
funktionieren *v* 60, 61, 68, 85, 182
Furunkel *das* -s, - 194
Fuß *der* -es, Füße 199
Fußpilz *der* -es, -e 200

G

Gang *der* -s, Gänge 42
Gangschaltung *die* -, -en 85
Garantie *die* -, -n 166
Garderobe *die* -, -n 99
Garnele *die* -, -n 139
geben *v* 43, 45, 93, 178, 207
Gebühr *die* -, -en 41, 79, 112
gebührenpflichtig *adj* 100
Geburtstag *der* -s, -e 26
geeignet *adj* 213
gefährlich *adj* 187, 203
gefallen *v* 21, 65
Geflügel *das* -s, - 144
Gefrierschrank *der* -, -schränke 68
gegen *prep* 207, 214
Gegend *die* -, -en 168, 185
gehen *v* 16, 37, 40, 41, 50, 100, 112, 115
gekocht *adj* 129
Geld *das* -es, -er 102, 103, 104
Geldautomat *der* -en, -en 102
Gemüse *das* -s, - 120, 138
genug *adv* 128
genügend *adv* 129
geöffnet *adj* 97, 102, 156
Gepäck *das* -s, - 40, 41, 44, 55, 72, 227
Gepäck *das* -s, - 226
Gepäckschein *der* -es, -e 44
Gepäckschließfach *das* -es, -fächer 44
Gepäckwagen *der* -s, -wägen 44
Geräusch *das* -es, -e 84
Gericht *das* -es, -e 116, 118
Gesamtbetrag *der* -es, -träge 131
geschäftlich *adv* 19
Geschäftsanzug *der* -s od. -es, -anzüge 160
Geschäftsmann *der* -es, -männer 19
Geschenkeboutique *die* -, -n 154
Geschenkkarton *der* -s, -s 159
Geschenkpapier *das* -s, -e 159
geschieden *adj* 18
schliessen *v* 97
Geschmack *der* -es, - 20
Geschwürbehandlung *die* -, -en 205
Gesichtspflege *die* -, nur Einz. 221
Gespräch *das* -es, -e 109
Getränk *das* -es, -e 16

Getränk *das* -es, -e 45, 150
getrennt *adj* 131
Getriebe *das* -s, - 85
gewähren *v* 177
Gewicht *das* -es, -er 200
Gewürz *das* -es, -e 142
Gewürznelke *die* -, -n 141
Girokonto *das* -s, -en 103
Glas *das* -es, Gläser 45, 121, 124, 125
glauben *v* 48, 131
Glückwunsch *der* -s, -wünsche 26
Glühbirne *die* -, -n 165
Gold *das* -es, - 173
Grapefruit *die* -, -s 134
Grapefruitsaft *der* -s, -säfte 124
Grippe *die* , -n 195
groß *adj* 46, 137
großartig *adj* 20
Größe *die* -, -n 159
größer *adj* 164
grün *adj* 136, 143, 150
Grünkohl *der* -s, -e 138
Gruppe *die* -, -n 34
Gruppentarif *der* -s, -e 71
gültig *adj* 71
gut *adv oder adj* 20, 25, 114
Gute Nacht 14
Gute Reise! 26
Guten Abend 13
Guten Appetit! 26
Guten Morgen 13
Guten Tag 13

H

Haar *der* -s, nur Einz. 219
Haarentfernung *die* -, -en 222
Haareschneiden *das* -s, - 218
Haarschnitt *der* -s, -e 218
Haarspray *der, das* -s, -s 220
Haarwäsche *die* -, - 218
haben *v* 24, 59, 60, 90, 128, 159
Hackfleisch *das* -es, - 145
Haferbrot *das* -es, -e 146
Halskette *die* -, -n 172
Halsschmerz *der* -es, -en 192, 214
haltbar *adj* 169
halten *v* 36, 47, 49, 190
Haltestelle *die* -, -n 49, 72
Hämorrhoide *die* -, -n 196
Hand *die* -, Hände 199
Handarbeit *die* -, -en 174
Handtasche *die* -, -n 226, 227
Handtuch *das* -s, -tücher 56
Handwäsche *die* -, - 181
hart *adj* 186
Haselnuss *die* -, -nüsse 148
Haus *das* -es, Häuser 66, 118
Hautausschlag *der* -s, -schläge 197
Hautbehandlung *die* -, -en 222
heiß *adj* 84, 129
heißen *v* 17, 96
helfen *v* 23
herausfinden *v* 159
Herd *der* -es, -e 68
Herrenschuh *der* -e, -e 164
herunterfallen *v* 209
herzlich *adj* 21
Herzliche Glückwünsche! 26
Herzproblem *das* -s, -e 200
Heuschnupfen *der* -s, - 214
heute *adv* 15, 28, 30, 159
hier *adv* 17, 23, 49, 72, 75, 96, 112, 176
hierfür *adv* 182
hierher *adv* 95
hierhin *adv* 36
Himbeere *die* -, -n 135
hin und wieder 197
Hin- und Rückfahrschein 71
hinsetzen *v* 218
hinterlassen *v* 111
hinterlegen *v* 188
hoch *adv* 104, 197, 203
holen *v* 45
Hörgeräte-Batterie *die* -, -n 165
Hotel *das* -s, -s 11, 41, 54, 59, 73, 78, 94, 159
Hoteladresse *die* -, -n 57
Hotelzimmer *das* -s, - 36
Husten *der* -s, - 214

I

Ich möchte ... 158
Ich möchte zahlen 131
Ich suche nach ... 158
Ich verstehe 10
Ich verstehe nicht 10
Ich würde gerne ... 158
Imbissstube *die* -, -n 56
indisch *adj* 115
informieren *v* 203
Ingenieur *der* -s, -e 19
Innenstadt *die* -, -städte 24, 70, 74, 94
Insektenschutzmittel *das* -s, - 215
Insektenstich *der* -s, -e 214
insgesamt *adv* 131
interessant *adj* 20
interessieren *v* 168
international *adj* 58, 76, 109
Internet *das* -s, -s 112

J

Jagen *das* -s, nur Einz. 186
Jahr *das* -s, -re 26
Jasmintee *der* -s, -s 150
jetzt *adv* 73, 96

K

Kabelfernsehen *das* -s, nur Einz. 59
Kabeljau *der* -s, -e und -s 140
Kabine *die* -, -n 50
Kaffee *der* -s, -s 46, 124, 175
Kaffeeshop *das* -s, -s 114
Kai *der* -s, -e und -s 50
kalt *adj* 30, 62, 129
Kamera *die* -, -s 227
Kaninchen *das* -s, - 144
kaputt *adj* 174, 178
kaputt gehen 86
Kardamom *der, das* -e, -s 141
Karte *die* -, -n 80, 185
Kastanie *die* -, -n 148
Kater *der* -s, - 214
kaufen *v* 71, 93, 106, 156, 159, 165, 170, 177
Kaution *die* -, -en 77, 188
Kaviar *der* -s, -e 139
Keilriemen *der* -s, - 83, 85
kennenlernen *v* 13
Kette *die* -, -n 172
Kilometer *der* -s, - 77
Kind *der* -es, -er 18, 213
Kirche *die* -, -n 95
klären *v* 90
Kleid *der* -es, -der 57
Kleidung *die* -, -gen 20
klein *adj* 172
kleiner *adj* 164
Klimaanlage *die* -, -n 61
Knie *das* -s, - 199
Knoblauch *der* -s, - 142
kochen *v* 175
Kokosnuss *die* -, -nüsse 148
kommen *v* 18, 37, 95, 116, 200
Kondom *der* -s, das oder -e 215
können *v* 23, 24, 159
Konserve *die* -, -n 175
Konto *das* -s, Konten o. Konti 103
Konzert *das* -s, -e 99
Kopf *der* -s, Köpfe 199
Kopfhautmassage *die* -, -n 221
Kopfkissen *das* -s, - 45, 56
Kopfsalat *der* -s, -e 138
Kopfschmerz *der* -es, -zen 193, 195
Kopie *die* -, -n 90
Koriander *der* -s, - 141
kosten *v* 38, 53, 71, 74, 76, 77, 97, 107, 109, 121, 180, 184, 205
Krabbe *die* -, -n 139
Kraftstoff *der* -s, -e 77
Krankenhaus *das* -es, -häuser 208, 209
Krankenversicherungskarte *die* -, -n 209
Krankenwagen *der* -s, -wägen 208
Kratzer *der* -s, - 195
Kräutertee *der* -s, -s 150
Krawatte *die* -, -n 162
Kreditkarte *die* -, -n 64, 65, 102, 177
Kreuzkümmel *der* -es, nur Einz. 141
kriegen *v* 195
Krone *die* -, -n 207
Kugelschreiber *der* -s, - 170
Kühlschrank *der* -s, -schränke 61
Kümmel *der* -es, nur Einz. 141
Kunst *die* -, Künste 168
Kunstgalerie *die* -, -n 95
Künstler *der* -s, - 168
Kurkuma *die* -, -men 143
kurz *adj* 161, 218, 219
kurzsichtig *adj* 205

L

landen *v* 46
lang *adj* 161
lange *adv* 27, 46, 79, 99, 156, 169, 203
langsam *adv oder adj* 23
lassen *v* 132, 180, 206
laufen *v* 57
laut *adj* 84
Lebensmittelabteilung *die* -, -en 156
Lebensmittelvergiftung *die* -, -en 196
lecker *adj* 120, 128
ledig *adj* 18
leer *adj* 85, 213
legen *v* 55, 159
leicht *adj* 120, 219
leiden *v* 200
leihen *v* 24, 86
Leitung *die* -, -gen 109
letzte *adj* 70
Leute *die* -, Mz. 89
Limonade *die* -, -n 151
Limone *die* -, -n 134
locken *v* 220
lohnen *v* 182
Lokal *das* -s, -e 115
Lokalbetäubung *die* -, -en 209
losgehen *v* 92
Luft *die* -, Lüfte 83
Luftpost *die* -, nur Einz. 108
Lungenentzündung *die* -, -en 195
Lymphknoten *der* -s, - 196

M

machen *v* 16, 84, 98, 115, 120, 163, 207
Magen *der* -s, Mägen 213
Magenverstimmung *die* -, -en 193, 213

Magermilch *die* -, nur Einz. 151
Mahlzeit *die* -, -ten 56
Majoran *der* -s, -e 142
Makrele *die* -, -len 140
Mal *das* -es, -e, Mäler 22
Manager *der* -s, - 19
Mandarine *die* -, -n 135
Mango *die* -, -s 134
Markt *der* -es, Märkte 155
Mayonnaise *die* -, -n 147
Mechaniker *der* -s, - 86
Medikament *das* -s, -e 210, 211, 213
Medium *das* -s, Medien 121
Medium, bitte. 121
Medizin *die* -, nur Einz. 205, 213
Meerrettich *der* -s, -e 142
mehr *adv* 128, 175, 177, 197
mein *pron* 22
Meine Blutgruppe ist 0 negativ 204
Meine Blutgruppe ist 0 positiv 204
Meine Blutgruppe ist A negativ 204
Meine Blutgruppe ist A positiv 204
Meine Blutgruppe ist AB negativ 204
Meine Blutgruppe ist AB positiv 204
Meine Blutgruppe ist B negativ 204
Meine Blutgruppe ist B positiv 204
meinen *v* 22
melden *v* 225
Melone *die* -, -n 135
Mietbüro *das* -s, -s 188
mieten *v* 66, 76, 188, 189, 190
Mietzeitraum *der* -, -räume 77
Mineralwasser *das* -s, - 151
Minibar *die* -, -s 64
minimal *adj* 77
Minute *die* -, -n 109
Minze *die* -, -n 143
mit *prep* 213
mitkommen *v* 15, 23
mitnehmen *v* 40, 159
Mittag *der* -s, nur Einz. 28
Mitte *die* -, - 220
Mitternacht *die* -, Mitternächte 28
möchten *v* 100, 158, 160
Mohnsamen *der* -s, - 143
Moment *der* -s, -e 22
Monat *der* -s, -te 19
Monatskarte *die* -, -n 71
Monatsrate *die* -, -n 66
Montag *der* -es, -ge 31
morgen *adv* 14, 15, 56
Morgen *der* -s, - 13, 28
Motor *der* -s, Motoren 84
Motorboot *das* -s, -e 189
Motoroller *der* -s, - 76
Motorrad *das* -s, Motorräder 76
Mühe *die* -, -n 21
Mülltonne *die* -, -n 185
Museum *das* -s, Museen 93, 95, 97
Musik *die* -, nur Einz. 100
Musikladen *der* -s, Läden 154
Muskatnuss *die* -, -nüsse 143

N

nach *prep* 213
Nach Ihnen 11
Nach links 75
Nach rechts 75
Nachmittag *der* -s, -e 28
nachprüfen *v* 178
Nachricht *die* -, -en 111
nächste *adj oder adv* 19, 49, 70, 72, 79, 80, 95, 102, 106, 154, 155, 180, 187, 188, 190, 202, 207, 211, 224
Nacht *die* -, Nächte 14, 53
Nachtapotheke *die* -, -n 211
Nachttisch *der* -s, nur Einz. 124
Nachtklub *der* -s, -s 100
nachts *adv* 197
Nagel *der* -s, -nägel 222
Nähe *die* -, nur Einz. 109, 114, 184, 187
Nase *die* -, -n 196
Natürlich! 25
Nebenwirkung *die* -, -en 213
negativ *adj* 204
nehmen *v* 57, 118, 120, 121, 205, 210
nett *adj* 21
nicht *adv* 22
Nicht zu kurz 219
Nichtraucherbereich *der* -s, -e 117
Nichts zu danken 10
Nonstop-Flug *der* -s, Flüge 37
Normal *das* -s, -e 82
Notausgang *der* -es, -gänge 59
Notfall *der* -es, -fälle 189
Nummer *die* -, -n 164

O

öffentlich *adj* 109
Öffentlichkeit *die* -, nur Einz. 97
öffnen *v* 61, 116, 156, 211
oft *adv* 213
ohne *prep* 220
Ohrenarzt *der* -es, -ärzte 202
Ohrring *der* -s, -e 172, 173

Öl *das* -s, -e 82, 83, 125
Öldruck *der* -s, -e 84
Olivenöl *das* -s, -e 148
operieren *v* 209
Orange *die* -, -n 134
Orangensaft *der* -s, -säfte 124, 150
Ordnung *die* -, nur Einz. 10, 84, 85
Oregano *der* -s, nur Einz. 142
orientalisch *adj* 168
Ort *der, das* -es, Örter 20, 37

P

paar *pron* 175
Paar *das* -es, -e 164
Panne *die* -, -n 89
Paprika *der* -, -s 143
Paranuss *die* -, -nüsse 148
Parfüm *das* -s, -e und -s 171
parken *v* 79
Parkhaus *das* -es, -häuser 59, 79
Parkplatz *der* -es, -plätze 79
passen *v* 160
Pecannuss *die* -, -nüsse 148
Penizillin *das* -s, -e 210
Person *die* -, -en 52
Person *die* -, -en 116
persönlich *adj* 35
Petersilie *die* -, nur Einz. 143
Pfeffer *der* -s, nur Mehrz. 125
Pfefferminz *der* -es, -e 143
Pfeife *die* -, -n 171
Pfeifentabak *der* -s, -e 171
Pflaume *die* -, -n 135
Pistazie *die* -, -n 149
Plan *der* , Pläne 96
platt *adj* 84
Platz *der* -es, Plätze 37, 38, 42, 45, 48, 99, 184
Polizei *die* -, -en 89, 224
Polizeirevier *das* -s, -e 224
Polizeistation *die* -s, -en 94
Portemonnaie *das* -s, -s 227
Portion *die* -, -en 120
Porto *das* -s, -s, -ti 107
positiv *adj* 204
Post *die* -, nur Einz. 57
Postamt *das* -es, -ämter 106
Postkarte *die* -, -n 106, 107
postlagernd *adj* 106
praktisch *adj* 163
Preis *der* -es, -se 77, 177
Preiselbeere *die* -, -n 135
Prellung *die* -, -en 194
pressen *v* 150
probieren *v* 116
Problem *das* -s, -e 60
Programm *das* -es, -e 99
Provision *die* -, -en 104
Pumpernickel *der* -s, - 146

Q

Quittung *die* -, -en 43, 159, 166

R

Radieschen *das* -s, - 137
Rathaus *das* -es, -häuser 94
Raubüberfall *der* -es, -fälle 225
rauchen *v* 128
Raucherbereich *der* -s, -e 117
rausfallen *v* 207
Reaktion *die* -, -en 210
Rechnung *die* -, -en 64, 88, 131, 132, 178
rechts *prep* 220
rechtzeitig *adj* 27, 42
Regel *die* -, -n 206
regnen *v* 30
Rehfleisch *das* -es, - 145
Reifen *der* -s, - 83, 84
reinfahren *v* 90
reinigen *v* 57, 181
Reinigung *die* -, -en 180
Reise *die* -, -n 26, 203
Reiseführer *der* -s, - 170
reisekrank *adj* 201
Reisekrankheit *die* -, -en 214
Reisepass *der* -es, -pässe 34, 103, 226, 227
Reisescheck *der* -s, -s 43, 104, 177
Reisescheck *der* -s, -s 65
Reißverschluss *der* -es, -schlüsse 182
Reparatur *die* -, -en 182
Reparatur *die* -, -en 82
Reparaturkosten *die* -, nur Mehrz. 88
reparieren *v* 87, 182, 207
reservieren *v* 36, 38, 52
Reservierung *die* -, -en 40, 115
Restaurant *das* -s, -s 11, 56, 114, 115
Rezept *das* -es, -e 205, 211
richtig *adv* 22, 182
Richtung *die* -, -en 80, 94
riechen *v* 60
Rindfleisch *das* -s, nur Einz. 144
Ring *der* -es, -e 172, 173
Roggenbrot *das* -es, -e 146
röntgen *v* 206
Röntgenraum *der* -, -räume 206
Rose *die* -, -n 169
Rosenkohl *der* -s, - 138
Rosine *die* -, -n 136
rot *adj* 136

Rotwein *der* -es, -e 121
Rückenschmerz *der* -es, -en 192
Rückfahrkarte *die* -, -n 39
rufen *v* 58, 73, 89, 208, 224

S

Sache *die* -, -n 90, 180
Sache *die* -, -n 35, 57, 58
Saft *der* -s, Säfte 150
Saftschachtel *die* -, -n 150
sagen *v* 23, 111
Salat *der* -s, -e 117, 125
Salz *das* -es, -ze 125
Samstag *der* -s, -e 31
sandig *adj* 187
satt *adj* 120
sauber *adj* 125, 130
Sauerstoffflasche *die* -, -n 190
Sauna *die* -, -s oder Saunen 59
Schachtel *die* -, -n 171
schade *adj* 25
Schalter *der* -s, - 60
schauen *v* 12
Schaumfestiger *der* -s, - 220
Scheibe *die* -, -n 175
Schein *der* -s od. -es, -e 104
Scheinwerfer *der* -s, - 85
Scheitel *der* -s, - 220
schicken *v* 41, 57, 78, 86, 112, 159
Schiff *das* -es, -e 50
Schinken *der* -s, - 175
Schirm *der* -s, -e 189
Schlaflosigkeit *die* -, -en 200
schlecht *adj* 46, 60, 193
schließen *v* 61, 156, 211
Schließfach *das* -es, -fächer 55
schlimm *adj* 200
Schlüssel *der* -s, - 60, 66, 86
Schmerz *der* -, -en 192, 197
Schmerz *der* -, -en 207
schmerzstillend *adj* 205
Schmuckstück *das* -es, -e 172
Schnappfisch *der* -s, -e 140
schneiden *v* 219, 221
Schnittwunde *die* -, -n 195
Schnupfen *der* -s, nur Einz. 196
Schnurrbart *der* -s, -bärte 221
Schokolade *die* -, -n 149, 169
schön *adj* 20, 30
Schönen Tag noch! 26
schrecklich *adj* 25
Schrimp *der* -s, -s 139
Schuhgeschäft *das* -es, -e 155
Schuld *die* -, -en 22, 90
schulden *v* 75
Schüttelfrost *der* -s, -e 193
schwach *adj* 163, 193
schwanger *adj* 206
schwarz *adj* 169
Schweinefleisch *das* -s, nur Einz. 145
Schwellung *die* -, -en 195
schwer *adj* 208
Schwertfisch *der* -s, -e 140
schwimmen *v* 187
schwindlig *adj* 193
seekrank *adj* 201
Seeohr *das* -s, -en 139
sehen *v* 117
sehenswert *adj* 93
Sehenswürdigkeit *die* -, -en 92
sehr gut 21
Seidenkrawatte *die* -, -n 162
Seite *die* -, -n 192, 220
Semmel *die* -, -n 146
Sendung *die* -, -en 106
setzen *v* 131
Shuttlebus *der* busses, -busse 36
sicher *adv* 25
Sie *die* -, -s 21
Sind Sie frei? 73
Sitz *der* -es, -e 46
sitzen *v* 117
Sitzplatz *der* -es, -plätze 48
Soda *die* -, nur Einz. 151
sofort *adv* 128, 224
Sojasoße *die* -, -n 148
Sonnabend *der* -s, -de 31
Sonnenbank *die* -, -bänke 189
Sonnenbrand *der* -es, -brände 214
Sonnenbrille *die* -, -n 163
Souvenir *das* -s, -s 168
Sparkonto *das* -s, -ten 103
spät *adv* 27
später *adv* 14, 63, 110
Spaziergang *der* -s, -gänge 16
Speisekarte *die* -, -n 117
Speiselokal *das* -s, -e 115
Speisewagen *der* -s, - 47
Spezialität *die* -, -en 118
spielen *v* 100
Spirituosengeschäft *das* -es, -e 154
Spitze *die* -, -n 219
sprechen *v* 23, 110, 202
Sprechzeit *die* -, -en 202
Spucktüte *die* -, -n 45
Stadt *die* -, Städte 96, 168, 185
Stadtplan *der* -s, -pläne 93, 170

Stadtrundfahrt *die* -, -en 92
Stadtteil *der* -s, -e 96
Stadtzentrum *das* -s, -zentren 94
ständig *adj* 197
Stangensellerie *der* -s, -s 138
starten *v* 42, 84
Starter *der* -s, - 85
stattfinden *v* 89
Steak *das* -s, -s 121
stechend *adj* 197
stehlen *v* 227
steinig *adj* 187
Stift *der* -s, -e 24, 108
stimmen *v* 131
Stimmt so, danke. 132
Stock *der* -es, Stöcke 156
Stoff *der* -s, -e 163
stören *v* 22
stornieren *v* 40, 72
stoßen *v* 199
Strand *der* -es, Strände 94, 187
Strauß *der* -es, Sträuße 169
Straße *die* -, -en 80, 96
Strömung *die* -, -en 189
Stromzähler *der* -s, - 67
Student *der* -en, -en 18
Stunde *die* -, -n 27, 73, 79, 112
stylen *v* 219
suchen *v* 158, 166, 172
Super *der* -s, nur Einz. 82
Supermarkt *der* -s, -märkte 11
Surfbrett *das* -s, -er 188
surfen *v* 188
süß *adj* 146
System *das* -s, -e 85

T

T-Shirt *das* -s, -s 168
Tabak *der* -s, -e 171
Tablett *das* -s, -s 210
Tafel *die* -, -n 169
Tag *der* -s, -e 13, 19, 26, 28, 30, 63, 76, 79, 184
Tankstelle *die* -, -n 80
tanzen *v* 15
Tarif *der* -s, -e 38
Taschentuch *das* -s od. -es, -tücher 215
Taschenwörterbuch *das* -s od. -es, -er 170
Tasse *die* -, -n 124, 125
Tauchausrüstung *die* -, -en 190
tauchen *v* 188, 190
Taucheranzug *der* -s od. -es, -anzüge 190
tauschen *v* 45
Taxi *das* -s, -s 57, 58, 65, 73
Taxistand *der* -s od. -es, -stände 36, 73, 95
Tee *der* -s, Tees 46, 150, 175
Teestube *die* -, -n 114
Telefon *das* -s, -e 60, 109
Telefonnachricht *die* -, -en 57
Telefonnummer *die* -, -n 14, 24
Temperatur *die* -, -en 203
Termin *der* -s, -e 202, 218
Test *der* -s, -e 205
teuer *adj* 115, 120
Theater *das* -s, - 93, 95, 100
Ticket *das* -s, -s 38
tief *adj* 190
Tintenfisch *der* -s, -e 139
Tisch *der* -es, -e 116, 117
Toilette *die* -, -n 12
Toilettenartikel *der* -s, - 175
Toilettenpapier *das* -s, -e 56
Tomate *die* -, -n 137
Tomatensaft *der* -es, -säfte 124
Trainer *der* -s, - 190
Transitvisum *das* -s, -sa, -sen 35
traurig *adj* 25
Trauring *der* -s, -e 173
treffen *v* 15, 26, 92
Treppe *die* -, -n 209
trinken *v* 16, 117, 132
Trinkwasser *das* -s, nur Einz. 185
trocken *adj* 152, 181
Trompetenschnecke *die* -, -n 140
tun *v* 207
Tüte *die* -, -n 176
typisch *adj* 156

U

Übergepäck *das* -s, nur Einz. 41
überprüfen *v* 82, 83
Überraschung *die* -, -en 25
Uhr *die* -, -en 39, 40, 41, 50, 92, 97, 99, 116, 173, 174
Uhrzeit *die* -, -en 56
umgehen *v* 165
Umkleidekabine *die* -, -n 160
umschauen *v* 170
umsteigen *v* 38
uneben *adj* 186
Unfall *der* -s, -fälle 89, 225
Unfallbericht *der* -s, -e 90
Ungeziefer *das* -s, - 62
unterschreiben *v* 103
Unterschrift *die* -, -en 64
Unterwasserströmung *die* -, -en 190
unterwegs *adv* 19
Urlaub *der* -s od. -es, -e 19

V

Vanillesoße *die* -, -n 149
vegetarisch *adj* 114, 120
Venusmuschel *die* -, -n 139
Veranstaltungsprogramm *das* -es, -e 99
Verbrennung *die* -, -en 194
Vergewaltigung *die* -, -en 225
verheiratet *adj* 18
verkocht *adj* 129
verlängern *v* 63
verlaufen *v* 96
verletzt *adj* 89, 208
verlieren *v* 200, 209, 226
Verlobte *der, die* -n, -n 17
verpassen *v* 47
verrenken *v* 198
verschicken *v* 108
versichern *v* 189
Versicherung *die* -, -gen 77, 88
Verspätung *die* -, -en 22, 42, 46
verstauchen *v* 199
verstehen *v* 10, 23
verstopft *adj* 61, 196
Verstopfung *die* -, -en 196
verwählen *v* 110
Verwandte *der* -n, -n 228
verwenden *v* 220
verzollen *v* 35
Vielen Dank 10
Vielen Dank für Ihren Anruf 111
Visitenkarte *die* -, -n 14, 57
Visum *das* -s, Visa od. Visen 34
voll *adj* 186
vollgetankt *adj* 78
Vollkornbrot *das* -s, -e 146
volltanken *v* 82
Von wann? 27
vor *prep* 213
voraussichtlich *adj* 111
vorbereiten *v* 211
Vorfahrt *die* -, -en 90
Vorstellung *die* -, -en 99
Vorwahl *die* -, -en 58

W

Wachsepilation *die* -, -en 221
Wagen *der* -s, Wägen 48
Wagenheber *der* -s, - 86
wählen *v* 109, 110
Währung *die* -, -en 42, 177
Wanderweg *der* -s, -e 185
wann *adv* 46, 47, 54, 58, 92, 102, 156, 211
Ware *die* -, -n 43
warm *adj* 30, 61
warten *v* 36, 62, 75, 211, 218
was *pron* 76, 77
waschen *v* 57, 180
Wäscherei *die* -, -en 57, 180
Waschmaschine *die* -, -n 68
Waschsalon *der* -s, -e 180
Wasser *das* -s, - 61, 151
Wasserkessel *der* -s, - 68
Wassermelone *die* -, -n 135
Wasserski *der* -s, -er 188
Wechselgeld *das* -s od. -es, -er 75
Wechselkurs *der* -es, -e 104
wechseln *v* 62, 83, 104, 174
Wechselstube *die* -, -n 36, 102
Weg *der* -s, -e 50, 74, 94, 106
wehtun *v* 197, 207
Weihnachten *das* -s, - 26
Weile *die* -, nur Einz. 218
Wein *der* -es, -e 45, 169, 171
Weinkarte *die* -, -n 121
Weinsorte *die* -, -n 121
Weintraube *die* -, -n 134
weit *adv* 92, 100, 161, 185
weit weg 96
weitsichtig *adj* 205
Weizenbier *das* -s, - oder -e 152
Weißbrot *das* -s, -e 146
Weißwein *der* -s, -e 121
welche *pron* 48, 49, 56, 70, 76, 77, 92, 93, 94, 100, 156
wellen *v* 219
wenig *adv* 219
weniger *adv* 175
Wer spricht da, bitte? 110
Wermut *der* -s, -s 152
Wertsache *die* -, -n 55
Wetter *der* -s, - 30
wie *adv* 46, 47, 58, 77, 79, 96, 104, 182, 213
Wie geht es Ihnen? 13
Wie geht's? 13
wie viele 49
wiederholen *v* 23
wiederkommen *v* 211
Wiedersehen *das* -s, - 14
wir *pron* 96
wo *konj* 12, 45, 48, 49, 50, 56, 59, 70, 71, 72, 73, 79, 80, 92, 93, 94, 95, 96, 99, 102, 103, 104, 106, 155, 160, 177, 226
Woche *die* -, -n 19, 53
Woche *die* -, -n 35
Wochenende *das* -s, -n 77, 156
Wochenkarte *die* -, -n 71
woher *adv* 18
wohin *pron* 80
wohl *adv* 192
Wohl *das* -s, nur Einz. 26

Wohnung *die* -, -en 66
Wohnwagen *der* -s, - oder -wägen 184
wollen *v* 132
Wunde *die* -, -n 194
wunderbar *adj* 25
Wunsch *der* -es, Wünsche 26

Z

zäh *adj* 129
zahlen *v* 63, 64, 72, 77, 131, 177, 178
Zahlungsbeleg *der* -s, -e 178
Zahn *der* -s, Zähne 207
Zahnfleisch *das* -es, nur Einz. 207
Zahnklinik *die* -, -en 207
Zahnpaste *die* -, -n 215
Zahnprothese *die* -, -n 207
Zahnschmerz *der* -es, -en 193
Zeh *der* -s, -en 198, 199
zeichnen *v* 96
zeigen *v* 34, 50, 80, 94, 106, 121, 158, 162, 165
Zeit *die* -, -en 15
Zelt *der* -s od. -es, nur Einz. 184
zelten *v* 184
Zerrung *die* -, -en 194
Zertifikat *das* -s, -e 174
ziehen *v* 207
Zigarette *die* -, -n 171
Zigarre *die* -, -n 171
Zimmer *das* -s, - 52, 53, 55, 58, 60, 61, 62
Zimmerservice *der* -es, -e 55, 64
Zitrone *die* -, -n 134
Zoll *der* -s, Zölle 43, 171
Zollerklärung *die* -, -en 35
Zollformular *das* -s, -e 35
zollfrei *adj* 177
Zucchini *die* -, nur Mehrz. 137
Zucker *der* -s, nur Einz. 125
Zug *der* -es, Züge 37, 38, 40, 47
Zugang *der* -es, -gänge 97
zugänglich *adj* 97
Zugfahrplan *der* -s, -pläne 47
Zum Wohl! 26
Zündkerze *die* -, -n 83
Zündung *die* -, -en 85
zurück *adv* 55, 92, 111, 159
zurückbringen *v* 189
zurückgeben *v* 178
zurückhaben *v* 180
zurückstellen *v* 46
zusätzlich *adj* 53, 77
zwei *num* 52